此地即世界

Taiwan:
A Global History

臺灣，
世界史的現場

作者　故事 StoryStudio

序言 從這裡，世界展開

「這裡就有玫瑰花；我們就在這裡跳舞吧。」

涂豐恩

這是一本籌備了超過十年的書。

二〇一四年，故事網站成立，彼時網站的副標題是「寫給所有人的歷史」，讀者不免認為這是一個以推廣、普及歷史知識為主的網站。這樣的定位並不能說的是錯，只是「故事」之所以存在，其實還有另一面，另一個不那麼直接明顯、不那麼容易理解，但是更為幽微、深層而且具有挑戰性的目標，那就是企圖在這個各種意義下的新時代，重新思考歷史知識的形狀，探索敘述歷史的不同可能——特別是對於臺灣歷史。

網路上從來不乏熱心於講述臺灣歷史的團隊或個人，若只是要用輕鬆有趣、插科打諢的方式來講臺灣的故事，那適合的專家大有人在，其實未必需要我們來做。我們想做、也能做的，因此並不只是把學院派知識轉譯成大眾可以接受和理解的形式，而是回到更本質、更源頭的地方，尋找歷史之於當代的意義與重要性。而且從網站成立之初，我們就已經設定了，這樣的工作會沿著以下三條思考軸線展開：

從生活發現歷史，從臺灣看見世界，從過去想像未來

這一本《此地即世界：臺灣，世界史的現場》，就是多年來團隊共同思索的成果。本書的源頭，可以追溯到二〇二二年，當時在故事網站上，推出了全新的內容企劃「島嶼開箱」，借用「開箱」的意象，我們設定，每一篇文章都要由臺灣的某個地點出發，講的卻不只是臺灣的故事，而是一則臺灣與世界連結與互動的故事。這是世界史中的臺灣，也是從臺灣出發的世界史。

比如，「永和中興街」的美味炸醬麵，可能是源自於是韓國華僑的異地經驗；而「中和華新街」上的香茅、奶茶、魚湯麵，則刻著東南亞華人游擊隊與商幫會黨的足跡。這樣的例子，還有很多很多，比如小琉球最著名的景點「烏鬼洞」，埋藏著臺灣原住民遭到歐洲人屠殺的黑暗歷史，而這場悲劇背後，是與這座島嶼息息相關的亞洲海洋貿易；又如金門「得月樓」的出現，反映了二十世紀初年，金門人到南洋的商業歷險，還有華人和印尼人數百年來的衝突與糾葛。

換句話說，這個企劃的初衷，正是要從生活發現歷史，從臺灣看見世界，也看見臺灣史

與世界史的交織。我們希望將臺灣史與世界史，這兩個看似平行的概念，結合在一起。

在這樣的做法的背後，潛藏著一個信念，那就是：在地的就是國際的，在地的就是世界的，在地的就是全球的。所有的世界史故事，都可以從在地講起；而所有的在地故事，也可以與全球相連。如果我們將世界看做一張巨大的網絡，我們所在的世界，無論是臺灣的哪個角落，都是這個張網上的一個節點，而從任何一個節點出發，都有機會看見全世界的模樣。

只要你懂得如何去看。

猶記得剛起步時，編輯同事們都感到相當困難，因為這樣的敘事邏輯，違反了過往我們學習歷史的經驗。臺灣史是臺灣史，世界史是世界史，兩者該如何結合？這是我們不熟悉的視角。但正是因為不熟悉，才會有新鮮感。

這本書的目的，就是希望和你一起，以這種新鮮眼光，再一次觀看這座島嶼的過往，也重新認識這個世界的歷史。我們精選了二十則故事，重新整編，按照時序分成四大單元。

每一則案例都反映了臺灣與世界的共鳴與共振。

每一個案例都告訴我們：臺灣不是世界之外，而是世界歷史發生的地方。

世界曾來過這座島嶼，而這是他們留下的軌跡。我們習以為常的地景、我們熟悉的角落，其實承載著全球移動、帝國擴張、戰爭秩序、殖民遺緒、思想碰撞、族群相遇……凡此種種的歷史課題。在這些看似尋常的地方，有著一條條通向世界的隱藏航線而且通往不同的目的地：荷蘭、巴黎、俄羅斯、日本、緬甸、韓國、中南美……

當然，二十則故事是無法窮盡臺灣與世界的互動。所以我們在每篇文章的最後，附上了延伸閱讀；你也可以在故事網站的「島嶼開箱」專欄中找到更多的故事。但是我們更想建議，你不妨就以同樣的方式，仔細看看身邊是否已有類似的歷史？也許你會發現，世界真的沒有離臺灣那麼遠。

就如同我們在製作這些內容的過程中，也有許多意外的、驚喜的發現。比如「故宮」裡頭，藏有個神秘黑色鏡子，是來自中南美洲阿茲特克帝國的預言之鏡；又或者在「臺北天后宮」中，竟藏著一位陪伴臺灣一世紀的傳奇高僧——平安時代遣唐僧空海大師。又或者臺灣唯一一座完整保存下來的日治時期刑務所建築「嘉義舊監獄」，也是如今全世界罕見、保留完整的木造「賓州式監獄」，換言之，這座監獄背後的設計概念，是從美國轉手到了日本，又從日本輾轉來到了臺灣。

這些是我們在開始這項計畫前未曾認知到，甚至從未想像過的歷史。但他們確實存在，而且所在多有，只是等待著我們去挖掘與發現。

是的，臺灣從不孤立，它於世界有著無窮的聯繫。過去如此，未來也應該如此。從過去想像未來，原來世界並不在遠方。

此地，就是世界。

目次

PART I

全球接觸時代

在世界歷史的分期中，十五至十八世紀是所謂的「近代早期」（early modern）或早期全球化的年代。在這段時間內，歐亞世界經歷了政治版圖重組，全球貿易網絡初步成形，人群、貨物、宗教與知識透過海洋，跨越疆界，到達世界的彼端。

在這波歷史浪潮中，臺灣成為各方勢力的交會點。一六二四年，荷蘭人佔領了今天的臺南安平，建立起軍事據點與商業市鎮；兩年後，西班牙人抵達基隆，在和平島建造聖薩爾瓦多城。從那時開始，來自歐洲的異人，與這座島嶼上的原住民、漢人、日本人，有了近距離的接觸。

異文化的碰撞，往往是新事物創生的動力，對於陌生人群的想像或誤解，可以帶來看待世界的全新感受。但正如我們在世界各地的歷史所見，這般相遇不見得都是美好的，相反地，它也可能帶來暴力、衝突與傷害。第一部分的三篇文章，就從不同角度講述了全球接觸年代，臺灣與世界互動的三個片段，其中既有趣味的一面，卻也有著在地人的傷痕與血淚。

坂神本舖

(24° 08'34"N × 120° 40'45"E)

本幅靜物由葡萄牙女畫家 Josefa de Óbidos（1630–1684）所繪。（維基共享資源）

PORTUGAL 葡萄牙

TAICHUNG 臺中

這幅以食物為題的靜物由十七世紀葡萄牙畫家奧比多斯（Josefa de Óbidos）所繪：精緻的容器裡，盛滿了各式各樣的糕點。這些糕點或許不為臺灣人所熟悉，不過仔細看右上角那幾塊金黃色、看起來蓬鬆柔軟的蛋糕，怎麼跟我們常吃的蜂蜜蛋糕長得有些類似？

回到當代臺灣。臺中市區的臺灣大道上，有一家蜂蜜蛋糕老店「坂神本舖」，連在地的老饕都會特地光臨；他的蛋糕盒上，居然印了一張畫有歐洲人的繪畫。

根據這些線索推理：坂神本舖的蛋糕和圖中這幾塊葡萄牙蛋糕之間，有沒有可能存在遙遠的血緣關係？如果有，那麼四百年前葡萄牙的蛋糕是怎麼遠渡重洋來到臺灣的？這座從未被葡萄牙人踏足的小島，是如何習得西方甜點的口味？

✳

坂神本舖

長崎蛋糕為什麼叫長崎蛋糕？一幅荷蘭人宴飲的浮世繪，與南蠻人和日本的初遇

作者／陳韋聿

每個嘉義人都會告訴你一家在地尚讚的火雞肉飯，每個彰化人也都有各自激推的爌肉飯或炸肉圓。不過，如果你問臺中人最好吃的長崎蛋糕是哪間，共識應當十分明確。如作家楊双子所言：答案絕對是坂神本舖，就在臺中第二市場對面！其實你在臺中的松竹路上，也可以找到另一家印著「坂神」字號的長崎蛋糕專賣店，只是不被本店承認而已（說穿了就是常見的那種老字號分家故事）。

然而，不管你買的「坂神」蛋糕來自哪間，仔細觀察一下兩家店的金黃色蛋糕盒上頭，其實都印了同一種圖畫。這張帶有一點浮世繪風格的圖像，呈現了四個歐洲人聚會宴飲的場

景。從他們穿著的褲襪、假髮和帽子來看，可推測這場宴會大概發生在兩、三百年前。而散亂在地上的酒瓶，與他們臉上表現的醉態，則說明這群人已差不多要喝茫了。

為什麼臺中的兩家長崎蛋糕店，都要使用這幅圖畫呢？

其實，印在坂神蛋糕盒上的這張圖，背後是可以追溯出一些典故的。這類圖像也跟蛋糕本體一樣，都來自日本長崎，並且同樣是一種歷史悠久的地方特產。究竟長崎蛋糕與蛋糕上的插畫，它們各自是如何誕生的？兩者之間，又有什麼神奇的關聯？

臺中坂神本舖長崎蛋糕包裝。（攝影／葉書羽）

〈紅毛人康樂之圖〉之謎：哪裡來的「紅毛人」？

故事，就先從畫的名字開始說起吧。這幅畫的題名叫〈紅毛人康樂之圖〉，後面的「康樂」二字大概不必多做解釋，但前面的「紅毛人」就值得仔細推敲一下了。

在臺灣，若提起「紅毛」，你大概會立刻聯想到淡水的「紅毛城」。事實上，此「紅毛」與彼「紅毛」，表達的確實都是同一個意思。在十六世紀以降的東亞海洋世界，「紅毛」主要是荷蘭人與英國人的代稱。[1] 這個帶有一些貶意的詞彙通行於東亞許多地方，大概因為紅髮實在太過罕見，人們便直接放大這種外貌特徵，用它來代指整個群

此為〈長崎版畫——紅毛人宴會圖〉，與〈紅毛人康樂之圖〉相比，坂神本鋪蛋糕盒上的圖像截去了右邊約四分之一的畫幅，那裡其實還有一個做奴僕打扮的人物，正準備把更多食物送上餐桌。（國立臺灣歷史博物館授權提供）

體。換句話說，「紅毛」這個詞，反映的是在地人看待歐洲人的視角。誕生於日本的〈紅毛人康樂之圖〉，自然也呈現了日本畫師眼裡的洋人樣貌。

但話說回來，「紅毛人」與日本人究竟是如何相遇的呢？

仔細爬梳日本史，你會發現這些紅毛人應該都是江戶時代跑來日本做生意的荷蘭人，當時叫做「阿蘭陀人」。我們知道：江戶幕

十九世紀，日本浮世繪畫家歌川芳員筆下的「阿蘭陀人」。（美國紐約大都會博物館館藏）

府在十七世紀中葉後實行了長時間的「鎖國」政策，而在這兩百多年的鎖國期間，日本持續保持貿易往來的歐洲國家僅有荷蘭而已。

這段時間內，乘船到訪日本的荷蘭人，日常起居都被限制在長崎港內一座名為「出島」的人工島嶼當中。從地圖上看，出島頗像是一座海上監獄，四周圍全部被牆垣與海水包圍，只有一座橋梁連接到長崎境內。這座島嶼的設計，充分反映了幕府對外國人的防範心理。

不過，人類的好奇心是很難被牆垣與海水所阻隔的。出島上的荷蘭人，對於日本人而言宛如一群來自異世界的鄰居。居住在「蘭館」當中的這些洋人，都過著什麼樣的生活呢？他們的穿著打扮、飲食娛樂和風俗習慣，又是怎麼回事呢？

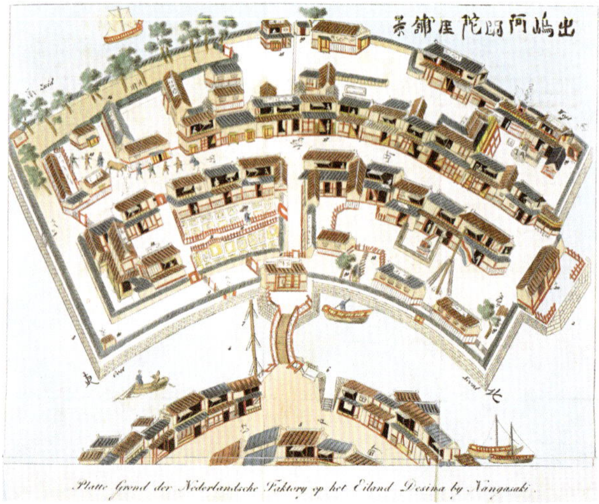

從地圖上來看，出島頗像是一個海上監獄，它的四周全被牆垣與海水包圍，只有一座橋梁連接到長崎境內。（荷蘭皇家圖書館館藏）

這一切謎團實在是太吸引人了。你可以想見：在當時的日本，如果能夠透過某種媒體，具體地把荷蘭人的生活樣態呈現出來，鐵定會引來群眾爭睹吧！

十八世紀：滿足窺探慾，「長崎繪」大流行

無巧不巧，十八世紀正是「浮世繪」在日本消費市場上逐漸流行的時間點。從字面意思來看，「浮世」指的是人世紅塵——這樣說起來，浮世繪也就是描繪凡俗百態的繪畫作品了。

越是私密、奇異的故事，就越發惹人注目，畫像本身也會更為暢銷。因此，在浮世繪當中，你可以找到獵奇又煽情的「春畫」、描繪知名歌舞伎演員與藝妓花魁的人物像，以及各種名所舊跡的風景畫。這類以

荷蘭國家博物館所收藏的「長崎繪」，它所描繪的場景、人物、構圖等等都與「紅毛人康樂之圖」十分相像。（荷蘭國家博物館館藏）

單張圖畫或圖冊方式銷售的版畫，總能滿足人們對於世界的窺看慾。而正如前所述，居住在出島上的荷蘭人，就是日本人很想一探究竟的對象。於是，在長崎，「紅毛人／阿蘭陀人」遂成了浮世繪特別著重描繪的主題。這類出現在長崎的浮世繪被稱為「長崎繪」（ながさきえ），在當時的圖畫買賣市場上頗受歡迎，甚至還被銷售到大阪、江戶等地。[2]

翻看現存的「長崎繪」，你會發現出島上的荷蘭人，不管是騎馬、狩獵、遛狗、讀書、動手術、看望遠鏡還是牽一頭駱駝，都被日本畫師視為某種奇異風景，值得好好畫上一筆。荷蘭人的宴會，自然也是很有意思的——登愣，〈紅毛人康樂之圖〉於焉誕生！這類聚會、宴飲場景，在「長崎繪」裡同時是一種相當常見的創作主題。今天，你還可以在全球許多博物館所收藏的長崎

一幅安土桃山時代的六折屏風，描繪南蠻人與日本的第一次接觸。（克利夫蘭藝術博物館館藏）

版畫當中，找到一些類似圖像。

追尋完畫作身世，也差不多該切入正題了：「長崎繪」裡的荷蘭宴會，跟長崎蛋糕的關係又是什麼呢，臺灣的蛋糕店為何要把荷蘭宴會之圖印在長崎蛋糕的包裝上？難道長崎蛋糕的出現，真的和這群荷蘭人有關嗎？首先，長崎蛋糕這種西式點心是從歐洲傳到日本來的，這點並無疑問；另一方面，蛋糕也確實會出現在荷蘭人的餐桌上。這麼看來，坂神本舖把〈紅毛人康樂之圖〉印在盒子上，用來暗示長崎蛋糕的淵源典故，好像也是有幾分道理。

不過，若我們繼續深究歷史，便會發現：真正把蛋糕製作技術帶到日本來的，其實不是「長崎繪」裡描摹的那些荷蘭人。關於蛋糕的故事，還得再往前跳轉個一、兩百年，從歐洲航海者初次朝東亞揚帆的時代開始說起……

十六世紀：初遇「南蠻人」，長崎蛋糕問世

日本與西洋文明的密集接觸，大致起始於十六世紀中葉。那時，葡萄牙與西班牙的海外探險船隊已陸續來到東亞。一五五〇年，一艘葡萄牙商船駛進了毗鄰長崎的平戶島，此後，葡萄牙與西班牙兩國的貿易船便漸趨頻繁地造訪這座海港，平戶也搖身一變，成為日本人接

長崎著名老店「福砂屋」，創立於一六二四年，即專賣長崎蛋糕カステラ。（維基共享資源）

觸歐洲文化的主要窗口。

除了帶來各種各樣的商品之外，「南蠻人」（這個同樣帶有貶抑意味的代詞，指的是來自葡、西兩國的人）的出現，也給當時的日本社會造成諸多衝擊。畢竟是未曾見過的奇異人種，他們手上的望遠鏡、頸項上的十字架、擺在房間裡的地球儀與自鳴鐘……每一種新鮮物事，都讓日本人瞪大眼睛，並且成了許多人都想要一件的酷東西。

「長崎蛋糕」大致也是上述文化交流過程裡的一個產物。這種甜食的歷史淵源十分複雜，各方說法也有些出入。概略來說：長崎蛋糕原先仿自葡萄牙人在宗教節慶時製作的糕點 Pão-de-ló。一種說法認為，這種糕點在當時也被稱作 Pão-de-Castela（可能因為這類海綿蛋糕的原型來自伊比利半島上的 Castilla 王國境內）。長崎在地的日本人向葡萄牙人學會了 Pão-de-Castela 的製作技術以後，或許便直接把意味著起源地的單字 Castela 轉化為日語裡的 カステラ，用以稱呼這種前所未見的甜食。[3]

一五五七年，來到日本建造第一所西式醫院的葡萄牙傳教士阿爾梅達（Luìs de Almeida）曾為病人們準備蛋糕，這應是現存史料中外國人最早在長崎製作蛋糕的一筆紀錄。後來，長崎當地的老百姓也學會了這種甜點的製作方法，於是作為特色名產的「長崎蛋糕」也就這麼誕生了。

十六世紀後期，包括長崎蛋糕在內，從西洋世界傳入的「南蠻菓子」開始在日本大受歡迎，就連織田信長、豐臣秀吉等著名的戰國歷史人物，也都品嘗過這些點心的甜蜜滋味。與此同時，日本的茶文化、以及搭配飲茶的「和菓子」也迎來了另一個蓬勃發展階段。「南蠻菓子」的出現，剛好為和菓子增添了新的內涵。於是，西洋來的甜食，也就這麼融入了日本的飲食傳統當中。

臺灣的長崎蛋糕，究竟怎麼來的？

簡單做個小結吧：坂神本舖長崎蛋糕盒上的〈紅毛人康樂之圖〉是流行於十八世紀的「長崎繪」，不過呢，這類圖像裡描繪的荷蘭人，與蛋糕傳入日本的歷史其實沒有什麼關係。真正的蛋糕製作技術，是十六世紀後期由葡萄牙人帶到長崎的。後來，這類蛋糕在日本繼續發展成在地人喜歡吃的版本，在十七世紀出版的《南蛮料理書》裡，我們已經可以看到這類蛋糕的標準製作流程——既然被載入食譜，大致可以說由葡萄牙人帶過來的蛋糕，這時已在日本落地生根了吧。

既然故事是以坂神本舖長崎蛋糕為起點，我們一定會想追問的是：這種長崎蛋糕，又是怎麼飄洋過海來到臺灣的呢？我們習得蛋糕製作的途徑，和日本人一樣嗎？

前述故事裡的西班牙人跟荷蘭人確實都曾在臺灣建立商館，蛋糕也很可能曾被帶到這座島上。不過，我們大概可以推想，製作這種烘焙點心需要更複雜的工具、技術與原料條件，它因此不太可能像土魠魚之類的例子一般，從十七世紀的臺灣開始便長久流傳下來。

另一個直觀的聯想是：長崎蛋糕是在日本殖民統治時代傳入臺灣的。在二十世紀前期的報章雜誌與私人日記等史料當中，我們也確實都可以找到 カステラ 的蹤影，那時，島內的一些「菓子店」顯然都有販賣這種甜點。

不過，今天出現在臺灣的長崎蛋糕，都是傳承自日治時代的糕餅舖嗎？至少從臺中坂神本舖、以及臺北南蠻堂（另一家老字號長崎蛋糕店）等例子來看，他們的歷史與戰前臺灣都是斷裂開來的。我們大概可以推測：臺灣人學習製作「蛋糕」等烘焙點心的技術，一定起始於日本時代；不過，如果說的是「長崎蛋糕」，它似乎更像是戰後從日本重新引進的風味。

尾聲：食物的在地轉譯與新發明

無論如何，可以肯定的是，十六世紀剛剛傳入日本的カステラ，其滋味與今天我們吃到的長崎蛋糕，必然是很不一樣的。這一方面是四百年前的烘焙工具與原料生產等條件與現代世界都已相去不可以道里計，另一方面，則因為食物一定會順應不同地區人們的口味而發生變化——所以，如果你覺得臺灣那些加了蜂蜜的長崎蛋糕，跟你在日本品嚐的味道天差地別，那也不值得大驚小怪，因為日本長崎蛋糕和它的葡萄牙原版，顯然也已完全不是同一回事。（不過坂神本舖長崎蛋糕的蛋糕裡頭是真的沒有加蜂蜜啦！）

實際上，異邦食物的「在地化」，本來就是全球飲食文化流動過程裡的常態。遠的不說，臺灣的夜市裡便能找到一堆例證，諸如澱粉勾芡的義式麵條、裹滿糖粉的美式炸甜甜圈、根本屬於原生創意的「泰式」月亮蝦餅……所有這些模樣看似「異國」的食物，內裡都是滿滿的臺灣風味。所以說，會冒出一個臺灣版本的長崎蛋糕，也是很正常的事情吧。

話說回來，以世界為材料基底，創造出融混多重文化脈絡的嶄新版本，不也正是我們這座島嶼的特色嗎？數年前，淡水的「古早味蛋糕」透過韓國觀光客的口耳相傳，大舉攻向了朝鮮半島。若回顧歷史脈絡，這種蛋糕根本也就是古早葡萄牙的 Pão-de-ló、乃至於近世日本蛋糕的「臺味」版而已。臺灣人總是有辦法把各種食材組合變化成另一種絕頂風味，這大概可以說是我們的得意技——從珍奶到刈包，從鹹酥雞到滷肉飯，未來，或許還會有更多進化於在地的臺灣料理，將朝著整個地球發起反攻吧！

---

1 雖然「紅毛人」一詞只是一種刻板印象，但歐洲的低地國與不列顛群島確實是紅髮人口比例較高的國家。

2 不光是荷蘭，同時代的長崎也居住著定期來航的中國貿易者。在日本，這些中國人被稱為「唐人」，他們同樣被限制在一個四面由城牆圍起的空間範圍當中，只差沒有海洋環繞而已。「唐人」居住的地方名為「唐人屋敷」，與出島遙遙相對。對於日本人而言，這一大群異邦人的生活樣態也同樣引人注目，也因此，「唐人」在「長崎繪」中也是一種熱門的圖像創作主題。

3 Pão 在葡萄牙語的意思是麵包，臺語裡麵包的讀音 pháng 也是從這個字演變來的。Pão-de-Castella 的意思就是「生產自卡斯提亞王國的麵包」。在早期歐洲，現代概念的「麵包」跟「蛋糕」還沒有明確被區分開來，因而十六世紀的 "Pão" 這個詞大概可以泛指各種被送進烤爐的麵粉製作物。另外值得注意的是：許多文獻都提到 カステラ 的起源應當追溯到西班牙地區另一種名為 Bizcocho 的傳統糕點。總的來說，カステラ 的歷史起源目前仍是眾說紛紜。另外值得參看的是東京大學教授岡美穗子的新近研究〈南蛮菓子の文化的背景〉，她注意到一本十七世紀出版的葡萄牙語烹飪書使用了西班牙語單詞，箇中因由可能可以更準確地解釋為什麼葡萄牙人帶入日本的 Pão-de-ló 最終會以西班牙語的 Castilla 為之命名。

延伸閱讀

▶ **故事 StoryStudio**

- 漫遊藝術史，〈日本江戶時代的新聞編輯如何刺激銷量？交給「浮世繪」吧！〉（2018）
- 陳皓嬿，〈土魠魚羹原來是葡萄牙料理？中研院研究員告訴你土魠魚和虱目魚的身世之謎〉（2020）
- 蔡曉林，〈糖吃越多國家越進步？臺灣的砂糖如何成就日本洋菓子〉（2020）

烏鬼洞

(22° 19'46"N 120° 21’15”E)

圖片為烏鬼洞入口石碣。(維基共享資源，Outlookxp 提供)

JAKARTA 雅加達

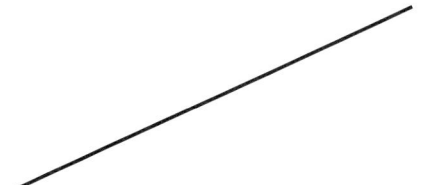

LIUQIU ISLAND 小琉球

屏東縣的小琉球島上，有一座名為烏鬼洞的珊瑚礁岩洞。由於日夜被海浪拍打侵蝕，形成曲折蜿蜒的地形。望不見盡頭的洞窟，神秘幽暗的氛圍再加上鬼魅的名稱，使這裡數百年來流傳著許多令人心生畏怖的傳說。

有一說，洞裡住著長有魚鰓的「番人」。光緒年間，清廷的《鳳山縣采訪冊》如是記載：「相傳舊時有烏鬼番聚族而居，頷下生腮，如魚腮然，能伏海中數日。」後來泉州人因開墾與之發生衝突，便趁夜晚縱火將其趕盡殺絕。

一九三一年，日本政府在「臺灣文化三百年」展覽的目錄中提到，三百年前荷蘭人曾帶著黑奴在烏鬼洞中避難，並且洞中有遺物可證明此事。時至戰後，烏鬼洞的傳說再度轉化，洞中的烏鬼是荷蘭人留下的黑奴，他們因出手掠劫來此遊歷的英軍，在洞中遭英國人引火燒亡。

「烏鬼」的形象從半人半魚的生物，而後轉化為人，搖身一變為來自西方的奴隸。不過，何以不同的版本中，烏鬼的最終命運都是在洞中遭大火燒盡？傳說總是由事實與想像交織而成，在真實的歷史中，究竟是誰來過這處岩洞？而在黑暗的岩洞中，被熊熊大火燒盡的又是哪個不幸的族群？

烏鬼洞

小琉球最著名的景點，埋藏著最悲傷的大屠殺：十七世紀的亞洲海洋與奴隸貿易

作者／雷鎧亦

踏上過小琉球的遊客，大概都不會錯過這座位於小島西南側的「烏鬼洞」。烏鬼洞是座珊瑚礁岩洞，洞窟的構造曲折蜿蜒、景緻奇異，一不小心就容易迷失在走不完的岩洞中。不過，烏鬼洞之所以這麼受觀光客歡迎，或許跟自然景觀的關係不大；此地的各種禁忌傳聞，各種刺激人心的鬼故事，才真正關鍵。有人說，這裡是當年荷蘭黑奴冤死之地；有人說，洞中不時能發現銀器、珠寶；甚至還有人說，走進洞裡絕對不能回頭，否則將永遠找不到出路……

現實往往比虛構還要離奇。在烏鬼洞重重傳說的背後，其實掩藏著一場歷史悲劇。在這

個故事裡，有數百人遭活活燒死、無數家庭骨肉分離、偌大的部族頃刻覆滅、整個族群的歷史幾近徹底抹消。而這個洞穴的盡頭，更通往十六、十七世紀歐洲海上強權在印度洋和東亞海域建立的另類「黑奴貿易」，讓東亞、東南亞染上斑斑血色。

這種種一切，全始於一場船難。

一艘荷蘭商船拉開大屠殺的序幕

一六二一年，一艘荷蘭商船「金獅號」滿載著八萬里爾的銀幣（歐洲人在東方通用的貨幣）出航，以支援開闢中國貿易的同胞。他們從爪哇島的巴達維亞（也就是今天的印尼雅加達）揚帆出發，目的地是澎湖。航行至中途，金獅號決定在一座珊瑚礁島嶼附近下錨，打算在此補給淡水。然而，奇怪的事發生了——船上的水手們一個個登陸，卻一個個就此消失在熱帶叢林裡。無論金獅號等了多久，發出無數訊號，都沒有任何人回到船上。原來，這座島並非無人島。百思不解的荷蘭人後來才發現，島上原本就住著一群原住民，他們稱自己的家園叫「拉美（Lamey）」。拉美島人皮膚黝黑，依靠捕魚跟採椰子過活，金獅號的水手，就是死於他們之手。

而這座拉美島呢，正是今天的小琉球。

時間快轉到一六三三年，當時臺灣已成為荷蘭聯合東印度公司的殖民地，隨著荷蘭駐臺長官普特曼一聲令下，三百名士兵與原住民盟軍突然乘著戎克船，浩浩蕩蕩地進攻金獅島（為了紀念船員的死，這座「危險的」島嶼已被命名為金獅島），宣稱要用武力懲戒島民，為十二年前枉死的同胞復仇雪恨！但隔了整整十二年才想到要報仇，同胞屍骨都寒了多久，荷蘭人動作未免也太慢了吧？其實東印度公司的高官們也心知肚明，這次行動意在殺雞儆猴，向其他原住民部落秀肌肉——不久前，公司的艦隊才遭到中國東南沿海勢力最強的海盜鄭芝龍迎頭痛擊，公司的力量與威望被狠狠挫敗，此時急需一場勝利來立威，鞏固在臺灣的統治地位。

實力不強，又與荷蘭人有宿仇的拉美人，便成為東印度公司最好的靶子。

荷蘭軍隊第一次登陸時，拉美人早已聞風躲到島上的石灰岩洞穴裡避難。洞窟地形錯綜複雜，拉美人還不時偷襲落單的士兵，指揮官不敢深入，只得悻悻離去（唯有島上蓄養的豬隻倒了楣，被荷蘭士兵抓去洩憤兼加菜）。但第二回，拉美人可就沒這麼幸運了。三年後，另一支荷蘭軍隊忽然登上金獅島。白人軍隊的突襲大大出乎拉美人預料，他們沒能組織起任何反擊，不得不故技重施，倉皇躲進洞窟中避難。

這一招本該是拉美人的保命丹，此刻卻成為他們的催命符。島民們爭相逃入洞窟後，荷蘭人居然將計就計，在其他原住民盟友的帶領下，他們成功找出每一個出入口，並用籬笆加以封鎖。接著荷軍指揮官一聲令下，幾名士兵開始在洞口堆積柴薪與硫磺，扔上火把，高溫氣體與毒煙隨即湧入洞中。

荷蘭人此舉，或許只是想將拉美人逼出來投降，孰料卻釀成一場滔天大禍。

洞窟中的人們驚覺避難所已然化為人間煉獄：人們被濃煙嗆得睜不開眼，盲目地在隧道裡推擠，高溫氣體灼燒著喉嚨與肺部，男人、女人與小孩的悲鳴不斷在洞窟裡迴盪，意識在痛苦中逐漸模糊……。毒煙燜燒的頭幾天，陸續有生還者從洞穴爬出來投

荷蘭人在臺灣的經濟中心：大員市鎮。（荷蘭米德爾堡哲烏斯博物館館藏）

降，大多是婦女和小孩。但隨著洞穴中的哀嚎聲漸漸消失，最後，荷蘭指揮官只好命人滅掉大火，派遣士兵進入洞裡探查。整座洞窟臭不可聞，充滿了硫磺、燒焦與腐屍味，探查的士兵根本無法一一點算，估計了兩百到三百具屍體便奔逃而出。

這場行動是由東印度公司在巴達維亞的總部與臺灣當局共同策劃，藉以掃清南北航路上的威脅。他們縮小部隊的規模、擬定了突襲策略，並善用原住民盟友的優勢，終於摧毀拉美人的抵抗。捷報傳回熱蘭遮城後，駐臺長官普特曼在日誌裡寫道：

> 這些人因他們的頑固性格而遭受這麼悲慘的情形……看起來萬能的神是為要公正懲罰這魯莽的異教徒（因他們所犯殺死我方的人以及其他人的罪行，違反人性自然且合理的本性，是所有人的敵人），而讓這事情如此發展的。

活下來的拉美人哪裡去？

拉美人屠殺事件後，由於巴達維亞當局的堅持，東印度公司又陸續清剿島上僅存的原住民，並把金獅島交給漢人管理。在那之後人們逐漸以「小琉球」之名稱呼這座島，而那座數百人喪身的洞窟，則被後來者稱為烏鬼洞。

拉美人的歷史記憶似乎從此斷絕，只留下數不盡的靈異傳說。

不過嚴格說來，拉美島原住民並沒有徹底消亡。據後來的巴達維亞總督范德林（Van der Lijn）的統計，有將近七百名拉美原住民從這場災難中倖存。那麼，他們到底去哪裡了呢？時間推移到十一年後，曾在臺灣擔任傳教士的尤羅伯（Robert Junius）回到了歐洲。他當年見證了整起屠殺事件，心裡總是坐立難安。於是，尤羅伯找到同樣已經卸任的普特曼長官，兩人連袂向東印度公司的董事會——十七人紳士告狀，指控巴達維亞當局的殘酷暴行（哪怕普特曼自己也不算無辜）。

紳士們被這個消息驚掉了下巴——要知道，他們去亞洲是為了做生意，而不是當劊子手的！董事會嚴詞要求巴達維亞當局檢討，逼得范德林總督展開調查，交出一份倖存者的統計報告。范德林辯稱，倖存者的待遇其實「不錯」，有三十八名孩童被荷蘭家庭收養，還有不少女孩已嫁入富裕人家。但大多數拉美人才沒那麼好運。有將近五百名倖存者被安置在臺灣新港社等部落，他們或許成為苦力，也可能就此融入新家園。另外兩百人則被悄無聲息地運上帆船，如彼時大西洋上的運奴船一般，航向遠方的巴達維亞。

這些拉美人為何被載去巴達維亞？他們的下場如何？除了少數幸運兒，大部分拉美人大約成了跟奴隸一般，可任意驅策的勞動力。根據荷蘭東印度公司在巴達維亞的總督所撰寫的《巴達維亞城日誌》，一個日本人 Overtwater 手下有個機警善良的僕人，名叫 Pieter Lameijer（意思是「拉美島的彼得」）——也許，他正是從那場大屠殺中倖存下來的奴隸。

各地都有「烏鬼」貿易，在血色的印度洋上

雖然殘酷，但拉美人的遭遇並不是特例。

十六世紀以降，從印度洋到東亞海域，有許多像拉美人這樣的有色人種，作為傭兵或奴僕流落四方。他們大多膚色黝黑，遂被歐洲人叫做 swart（黑人），而中國人則稱這些人為黑奴、烏鬼或鬼奴。

「黑奴、鬼奴」之稱，正暗示了他們的處境——整片印度洋都可能是 swart 們的家園，而在這片海上，他們總是被其他階級支配與奴役，不得自由。

早在穆斯林商人開闢印度洋的年代就已做起販奴生意，而西方海商又把這門事業推上高峰。與阿拉伯人不一樣，歐洲人有更大的野心——他們打算建設固定的貿易據點、壟斷貿易航線，並藉著地利之便發展熱帶農業。問題在於，這幅宏偉藍圖需要很多、很多的勞動力。

於是，歐洲人把腦筋動到了奴隸身上。光是一個荷蘭東印度公司，旗下奴隸的來源就五花

八門：從東非到馬達加斯加，印度到緬甸，再從麻六甲到新幾內亞，幾乎把整個印度洋繞了一圈（喔，現在還要加上小琉球）。這些地區的居民膚色偏黑，被奴隸商人大肆抓捕，載運到公司所屬的各個地區，也就成為世人眼中的 swart 或「烏鬼」了。而在東印度公司的領地內，黑人是一種常見的勞動力，可以說只要有荷蘭人的地方，幾乎都有黑人奴僕在旁隨侍。

荷蘭人與黑人的緊密關係，在臺灣也留下紀錄。今天的臺南北區有座三級古蹟「烏鬼井」，永康還有個地名「烏鬼橋」，相傳都是由荷治時期被帶來臺灣的黑人所建。

上｜十六世紀來到日本的耶穌會傳教士與黑人僕役。（維基共享資源）

下｜位在臺南市區的烏鬼井，相傳由當年荷蘭人手下黑奴所鑿。（臺南研究資料庫）

這些奴隸在歐洲人、中國人與日本人中流通，閩、粵兩地海商也是「烏鬼」的愛用者。海上霸主鄭芝龍的手下就有不少黑人傭兵與僕役，而鄭成功攻打熱蘭遮城時，也派遣過兩支黑人火槍兵——他們曾經是荷蘭人的奴隸，如今正好同前主人算算總帳。

而遠渡重洋的黑人中最出名的，當屬那位被織田信長相中、長得人高馬大的黑人家臣了。後世傳稱，這位黑人家臣名叫「彌助」，近年由 Netflix 出資製作的動畫《武士彌助》，主角就是以他為原型。當然，現實中彌助的經歷可就沒那麼有趣了。他在織田信長手下待了一年多，卻剛好遇上導致織田信長敗亡的本能寺之變。僥倖生還的彌助被送回老東家，也就是西班牙傳教士手中。彌助走投無路，只能繼續先前的奴隸生涯。

尾聲：吹過岩洞的風

毫不誇張地說，荷蘭東印度公司的霸權建立在奴隸的鮮血上——十七世紀的巴達維亞城，就有一半以上的人口是奴隸。這些人身在異國他鄉，被切斷與家園的聯繫，唯有順從主人的一切要求。諷刺的是，荷蘭人居然將「奴役」稱為「拯救」：野蠻的異教徒得以在基督徒的庇護下生存、溫飽，更能獲得文明的薰陶以及上帝的恩典。

下次若你有機會到小琉球一遊，不妨去烏鬼洞一探究竟，聽一聽風吹過洞窟時的呼嘯聲——那或許是拉美遺民最後的哭嚎，更是數百年來，在這片海洋上，被奴役的人們無言的泣訴。

延伸閱讀

▶ 專書與研究論文

- 江樹生譯註，《熱蘭遮城日誌》，臺南市政府（2011）
- 曹永和、包樂史（L. Blusse），〈小琉球原住民的消失：重拾失落台灣歷史之一頁〉，收錄於潘英海、詹素娟編《平埔族研究論文集》（1995）

▶ 故事 StoryStudio

- 荷事生非，〈「沒有戰爭、就沒有生意」——荷蘭東印度公司的海外殖民歷史特展〉（2018）
- 郭怡汝，〈不再「黃金時代」？荷蘭博物館展示殖民歷史的困境與爭議〉（2019）

風櫃尾

(23° 33'09"N × 119° 32′52″E)

圖片為澎湖馬公紀念荷蘭城堡的四座石碑，其所在位置約為當時城堡中央的廣場。(維基共享資源，SHEU-HUANYU 提供)

AMSTERDAM 阿姆斯特丹

PENGHU 澎湖

你是否可以想像，圖片中這些石塊的位置上，過去曾是一座歐式城堡？

這四塊石碑位於澎湖馬公的蛇頭山上，傍海而立，紀念著十七世紀由荷蘭人建造的風櫃尾城堡。

雖然城堡沒有留下遺跡，但還是讓我們在腦中描繪一下：這不是一座宏偉的城堡，長寬僅五十五平方公尺，高度七公尺，僅僅等同現在的兩層樓高。如此迷你的城堡在東南西北四方位都建有稜堡，並在稜堡上安裝了二十九門大砲，其防禦功能的重要性顯而易見。

是什麼理由促使荷蘭人在澎湖的山頭建築城堡？並且，這似乎並不是穩定定居之後為保護臣民興建的設施，一六二二年才剛興建完成，一六二四年荷蘭人就從城堡上拆下可以帶走的建材，到安平去蓋熱蘭遮城。

遠道而來的荷蘭人為什麼選擇澎湖作為據點，而又匆匆離開？風櫃尾城堡的炮火對準的，是來自哪裡的船隻？臺灣與澎湖，在荷蘭人充滿野心的航海地圖上，具有什麼樣的獨特意義？

風櫃尾

臺灣只能當備胎？當荷蘭人最初來到東亞，澎湖才是他們心中所愛

作者／神奇海獅

說到在澎湖觀光，不少人可能會想到歷史悠久的澎湖天后宮、退潮時出現的摩西分海，又或者是在南邊的風櫃半島上，欣賞獨特的「風櫃聽濤」。然而，如果你往風櫃半島的最尾端走去，就會看見不大不小的四塊石牌。仔細一看，才知道原來這裡曾經是大航海時代荷蘭人蓋的第一座

今日的馬公風櫃尾荷蘭城堡遺址。（維基共享資源，吳沛芸提供）

「紅毛城」，年代甚至比臺南的熱蘭遮城還要早。

但荷蘭人為何要千里迢迢，從繁華的阿姆斯特丹來到澎湖？他們想在這一片荒煙蔓草中獲得什麼？而最後又為什麼放棄這裡、轉移到福爾摩沙呢？原來在這四塊小小的解說碑背後，藏著一個野心勃勃的總督、一名脾氣火爆的司令，還有一段腥風血雨的商戰故事……

只信仰外交與暴力

時間是一六二二年七月。

一支多達十幾艘歐式帆船的艦隊，駛進了原來平靜的澎湖海面。這支艦隊的規模非常龐大，其中有四艘是五百噸級以上的遠洋船艦，其中的旗艦齊瑞克澤號（Zierickzee）噸位更是達到了驚人的八百噸，旗艦的主桅杆上飄揚著紅白藍的三色旗幟，中央則寫著三個拉丁字母：VOC。

是的，這隻艦隊的主人，就是十七世紀荷蘭最有名的公司：東印度公司（Vereenigde Oost-Indische Compagnie）。艦隊的司令，則是被譽為最勇敢的海員之一的雷爾生（Cornelis Reijersen，有些翻譯翻得更霸氣，叫雷爺兒生）。而這次他受命來到中國沿海，

上｜飄揚著紅白藍旗幟的 V.O.C 艦隊。（維基共享資源，阿姆斯特丹博物館館藏）

下｜東印度公司的殘暴總督楊・科恩。（維基共享資源，荷蘭西弗里斯博物館館藏）

目標只有一個：打開與中國的通商之門。所有在亞洲的歐洲人都知道，與中國通商就等於是掌握了通往財富大門的鑰匙。事實上，早在十八年前東印度公司剛成立時，一名叫做韋麻郎的荷蘭人就來到了澎湖，一方面用賄賂打通關節、一方面用武力威脅。最後是水師將領沈有容前去與荷蘭人談判，把火力不足的荷蘭人給勸出中國。如今的澎湖天后宮裡，還存放著一副〈沈有容諭退紅毛番碑〉。

但現在情況不同了。

雷爾生自信滿滿。當年的荷蘭人只有三艘船艦，如今的雷爾生可是擁有四倍的船艦數量、其中六艘更是火力強大。更不用說他還被下達了「必要時甚至可以對中國宣戰、以及劫持所有中國對外的船隻」的命令。到底是誰膽敢下這種命令的？這個人，就是東印度公司知名的殘酷總督：楊・科恩（Jan Coen）。

總督的位置可不是心地善良之人能坐的。根據荷蘭法規，東印度公司雖然只是一間公司，卻擁有對外締結合約、建築據點、甚至動用軍隊的權利。也就是說，東印度公司的獲利最主要依靠兩樣工具，一是「外交」、二是「暴力」。在這兩者之中，暴力更是科恩的信仰，他曾說：「沒有戰爭的貿易或沒有貿易的戰爭，都無法長久持續！」事實上，科恩的第一個犧牲者，便是現今印尼班達群島的上萬居民：為了壟斷丁香貿易，他毫不猶豫地將原住民們全都殺死或趕走。

現在，這位血腥總督終於把目標放在最肥沃的中國。

入侵澎湖第一幕：不通商？就開戰！

……願神降福我們，為祖國的榮譽、為公司的利益與我們的靈魂，阿門。

一六二二年四月，科恩任命雷爾生擔任艦隊指揮官，並且命令他：奪取葡萄牙人佔領的澳門、或中國沿海建立貿易據點。但出乎荷蘭人意料的是，雷爾生本以為澳門應該是如探囊取物般容易拿下的地方，卻在此遭遇了激烈的抵抗。幾個小時後，荷蘭人的進攻便被徹底瓦解，必須要尋找新的據點。也因為這樣，十八年前荷蘭人曾經短暫進駐過的澎湖，就出現在雷爾生的視線之內了。

荷蘭人選擇澎湖，的確有卓越的戰略眼光。

澎湖扼守著閩海通道，還有一個海灣，能避海風、適合停船。唯一的問題是：這裡算是中國的守備範圍之地。不過這對荷蘭人來說根本小 case，果然等公司的船艦靠近後，守在附近的十多艘中國戰船便紛紛逃開了。稍事安頓以後，荷蘭人就開始在風櫃尾築城。他們利用當地的土與草搭建了城牆，如今那四塊解說碑的位置，據說就是當時的中央廣場。

據點開始建造後，就是要去向中國請求互市了。但接下來在雷爾生眼中，卻是福建官員一連串的拖延戰術：原本承諾七天答覆、七天之後又延長成五十天。事實上，這段時間內福建上下全都翻了天：荷蘭人佔有澎湖、那就是佔有了中國領土；另外，他們還在海上到處打劫，連中國的船隻都無法倖免。這樣的情況下，怎麼可能允許荷蘭與中國通商？

五十多天的掙扎過後，中國方面終於給予了答覆：拒絕荷蘭人的貿易請求、並要求他們撤離澎湖島。

中國官員倒也沒有完全堵死荷蘭通商的希望，他們表示，將會引導荷蘭人去一個比澎湖更適合的地方。但火爆的雷爾生已經失去了耐心，他很快寫信給巴達維亞總部：「就我們觀察到的，這只是他們要我們離開澎湖的託辭而已。」

中國要求，荷蘭人要先離開澎湖才能討論通商；但對荷蘭人來說，澎湖是現在他們手上唯一的籌碼，如果荷蘭人離開，誰知道中國會不會說話算話？最後，雷爾生下了結論：「據我們所能看到的，要用友善的方法來達到通商目的，將是非常困難的……」外交方面用過了，那接下來下一個工具該上場了：戰爭。

荷蘭人於一六二三年所繪製的澎湖地圖，右下角為風櫃尾城堡。（維基共享資源，奧地利國家圖書館館藏）

施壓、談判、再施壓！

一開始，雷爾生的決定似乎蠻符合道理的：明朝海防積弱不振，荷蘭的船艦與火砲科技都領先於明朝。所以在接到拒絕後，雷爾生直接就向中國宣戰。他派出了八艘戰艦從澎湖出發，並且下達命令：「竭盡所能去攻擊中國人，無論在海上或陸上都是！」

最終，荷蘭軍隊燒毀中國八十多艘船、還繳獲了六十多門大砲和武器。後來這場入侵更是擴大到了中國沿岸，燒毀兩個村莊、毀掉海岸上能見到的船，還從村民手中搶奪了四十多頭豬、幾十頭牛羊。

然而，荷蘭人來到中國是為了獲利，根本不是為了這幾十頭牛羊。而且很快的，雷爾生也發現澎湖幾乎沒有糧食，所有的食物補給只能依賴他們原本帶來的物資。而隨著冬天的到來，荷蘭人也遇到他們最大的麻煩：澎湖的海風。荷蘭人從來沒看過如此強勁的海風。有時甚至一個不小心，就會從城牆上栽落下來。所有人都只能靜靜趴在地上，才能勉強讓自己不被吹走。如今的荷蘭人終於發現，自己已經一腳踏在自己選擇的泥沼中，既無法前進、又無法後撤，只能無望的繼續僵持在這裡。

十二月底，中國再次派人前來談判了。但在缺乏互信的基礎下，談判依舊陷入各種死胡同。大體的對話是這樣的：

中國官員：「你們到底是來挑釁、還是來做生意的？」

雷爾生：「我們的目標只有一個，就是和中國貿易！」

中國官員：「但只要你們還佔據澎湖，中國就絕對不會與之貿易！」

雷爾生：「撤離據點需要巴達維亞總督同意。沒有得到總督的命令，我不能隨意撤離澎湖！」

就在兩邊溝通陷入無限迴圈的同時，中國拋出了一個可能的地方：臺灣大員。大員沒有中國軍隊管轄，基本上不算是中國的守備範圍。然而，雷爾生依舊認為這只是中國想要荷蘭人離開的託辭。對中國來說，紅毛城仍然屹立不搖地豎立在澎湖島上；對荷蘭人來說，通往中國通商的大門依舊沒有打開，而己方的物資、士氣則越來越低落。

> （也許）在我們的船隻來到前，恐怕我們的狀況就會很糟糕了。那時將嚴重到只能仰望神來供應一切了。

這時，也許雷爾生只要稍微將姿態放軟一點、各退一步，或許事情還是有轉圜餘地的。然而柔軟的姿態對雷爾生來說卻是不存在的，因此退無可退的雷爾生決定：更加強硬！更加施壓！

一六二三年四月，雷爾生再次派艦隊，一口氣劫持三艘中國商船，並陸續抓獲了一千多名中國人。這些被抓走的中國人命運極為悲慘，不是被送到澎湖建城堡、就是送到巴達維亞當成奴隸。而被俘虜的奴隸裡，最終只有三十三人成功活下來。

最後，福建沿海的情況終於被皇帝所知悉。皇帝震怒之餘，立即改派另一位強硬派的巡撫：南居益前來。他的目標只有一個：不惜一切手段，將荷蘭人趕出澎湖！

但面對荷蘭人的船堅砲利，南居益究竟打算怎麼做？

尾聲：陷入絕望的雷爾生

隨著新官上任，雷爾生終於發現自己的所作所為非但沒有達到通商的目標、反而還逼得中國聯合起自己的老對手西葡兩國來對付自己。而同一時間，雷爾生也面臨著極為巨大的內部壓力，不僅送來的物資跟清單不符，澎湖的強風暴雨，讓他的船隻都被暴風吹去撞向海岸，連房屋的屋頂都被吹走、城堡也都嚴重崩垮。不過其中最糟糕也最棘手的，還是兵員的士氣問題。

「……我們在此地的大部分士兵，都請求解職離去。啊，甚至有人提說，不領薪水也願意。」最後在這封信裡，雷爾生這個曾經被譽為最勇敢海員的人物，終於低下頭來，承認己方的確是太輕啟戰端了。「我們在中國的聲譽日漸低落。真希望那時候有沒發動戰爭，而由閣下親自協同幾位東印度議會議員來福州交涉，以取代那些嚴厲的指令。若然，則無可置疑的，現在必已替公司獲取許多利益。」

然而為時已晚。目前的情勢已無轉圜的餘地，雷爾生只能盡最後一搏：再次以武力對中國發動攻擊！

雷爾生再次出動戰艦攻擊中國沿海。但這次情況有點不同：因為當荷蘭艦隊靠近中國沿海後，中國終於願意稍稍讓步了！荷蘭人欣喜不已，但就在其中兩艘船艦前往廈門準備簽協定時，中國水軍悄悄派出了五十艘火船出現在荷蘭船艦周遭。在引爆炸藥之後，其中一艘荷蘭巨艦頓時沈入海底、而另一艘則逃之夭夭。至於那些已經上岸的荷蘭船員，則全部都成為中國的俘虜、隨後也被送到北京斬首。

是的，這一切全都是新任巡撫南居益的計謀。這自然使得荷蘭人氣急敗壞、再次出動軍隊。不過中國這次已經有所防範，荷蘭人的入侵並沒有獲得什麼特別大的斬獲。

一六二四年初，中國武力收復澎湖的軍事行動，開始了。

福建水師從漳泉二地啟航、駐紮在澎湖北邊地帶。雖然單艘船隻的武力的確不如荷蘭，但是數量極為驚人。就在兩邊戰役一觸即發的當下，你覺得按照雷爾生好勇鬥狠的個性，他到底是會戰、還是會退？也許按照雷爾生的個性，他真的會死戰到底也說不定。所幸就在兩軍大戰前，好戰的科恩總督卸任、新任的巴達維亞總督趕忙任命了一名新的司令官宋克（Martinus Sonck），前去接替雷爾生的職務。

等這名新的接任者一來到澎湖以後，馬上就被澎湖的陣勢給嚇到了，他寫信給巴達維亞報告在澎湖一觸即發的戰爭，並看見了不顧一切發動武力的後果。

……我的前任在中國沿海，弄得全中國對我們都極為忿恨反感，直把我們看成謀殺者、強暴者、海盜……據我的看法，用這種方法是永遠達不到通商的目的，我們相信，要用其他更溫和的方法，才能通商交易。

經過談判以後，荷蘭終於離開了澎湖，轉而前往臺灣。對明朝政府來說，臺灣沒有中國軍隊駐守、也算是可以接受的結果。不過，安平港口的條件終究沒有澎湖優良，澎湖轉運中心的地位並沒有隨著荷蘭人離開而消失，依舊停泊了許多來自印尼與泰國的荷蘭商船。荷蘭人則開始小心翼翼地避開了明朝敏感的領土神經，並未派遣士兵、也沒有阻擾中國與其他國家的船隻貿易。

如今，澎湖的荷蘭城堡原址只留下了四塊解說碑文，也許這片草原中的碑文寫著的，就是一個這樣的教訓：太過渴望、甚至不惜動用武力也要獲得的利益，就像手中的沙子，太緊握反而是留不住的。

延伸閱讀

▶ 專書

- 艾利．利邦，《利邦上尉東印度航海歷險記：一位傭兵的日誌1617-1627》，遠流出版（2012）
- 亞當．克拉洛著，陳信宏譯，《公司與幕府：荷蘭東印度公司如何融入東亞秩序，臺灣如何織入全球的網》，左岸文化（2019）

▶ 故事 StoryStudio

- 神奇海獅，〈荷蘭人如何來到臺灣？東印度水路的崛起和船隊的冒險旅程〉（2021）
- 雷鎧亦，〈臺灣，這個遠東最危險的所在——海上船難事小，可怕的是漁民來洗劫搶船！〉（2022）

PART II

帝國的在地實驗場

十九世紀是新帝國的年代，船堅炮利的歐洲強權勢力，在全球耀武揚威，許多亞洲國家被迫開放，並透過改革來應對，日本就是其一。

我們通常知道的故事是，一八九五年，中日甲午戰爭之後，臺灣由清帝國的邊陲之地，轉變為日本帝國的第一個海外殖民地，也開始經歷深刻的社會變革。殖民者以現代之名，帶來了電力、鐵路等基礎設施，也推動為帝國服務的經濟發展，同時改變了本地的文化與生活。但歷史的發展遠不只這麼簡單。對日本而言，帝國擴張並非直線前進，也從不是理所當然，中間必須經歷許多試錯的過程。此時，作為殖民地的臺灣，就成為了日本殖民技術與現代性想像的實驗室。

第二部分的七篇文章，透過燈塔、監獄、圓環、動物園與娼妓制度等具體案例，呈現殖民統治中的都市計畫、產業發展、性別治理與文化策略，如何在不同帝國之間，經歷轉譯與挪用、輸入與輸出，最後長出了世界秩序的島嶼版本。這些故事，也見證臺灣與諸帝國層層疊疊的糾結關係。

鵝鑾鼻

(21° 54'13"N × 120° 51'05"E)

(臺灣八景ノ一) 鵞鑾鼻
45 A view of Garampin, (one of the eight famous sights), Formosa
帝國領土最南端、岸頭に立つて遠く外海を見渡すとき
何人も圖南の雄心胸に踊るを感ずるでせう

一九三〇年代，臺北生番屋本店曾發行「臺灣八景」系列明信片，本圖為其中的「(臺灣八景ノ一)鵞鑾鼻」。(國立臺灣歷史博物館授權提供)

BOSTON 波士頓

PINGTUNG 屏東

「帝國領土最南端、岸頭に立つて遠く外海を見渡すとき、何人も圖南の雄心胸に踊ろを感ずでせう。」——這段話說的是，此地位於日本帝國領土的最南端，站在岸邊可將外海一覽無遺，無論誰都會興起向南前進的雄心壯志。這張日治時期的明信片帶著帝國的視線望向鵝鑾鼻燈塔，也帶著帝國擴張的企圖遙望東南亞。

鵝鑾鼻燈塔象徵帝國的邊界，同時也是殖民地觀光的標的。《臺灣日日新報》昭和二年票選出的「臺灣八景」中，鵝鑾鼻就是和淡水、阿里山、太魯閣峽並列的八景之一，臺灣物產商「生蕃屋本店」因此以這八景發行系列明信片，將臺灣風景精美印刷，促進觀光的同時也宣揚帝國的建設成果。

這座燈塔並非日本人所建，但它的建造卻也跟帝國的建設和現代化息息相關。在海上交通川流不絕的十九世紀，臺灣南端有何重要之處，能讓清帝國在此「蠻荒之地」蓋起燈塔？在人類以航海認識世界的時代，亞洲的許多沿岸之處也建起燈塔，這些燈塔又是為何而點亮？

鵝鑾鼻

斯卡羅沒講完的事：臺灣獨有的「武裝燈塔」，如何照亮十九世紀全球的蓋燈塔熱潮

作者／艾德嘉

二〇二一年，史詩級的臺劇《斯卡羅》在臺灣颳起一陣旋風，無論是熱情擁戴還是痛斥無聊，商船羅妹號、美國駐廈門領事李仙得（Charles W. Le Gendre）和瑯嶠十八社領袖卓杞篤這幾個名字都攻佔了各大媒體版面，在人們視野中留下濃墨重彩的印象。不過，電視劇沒有演到的是，就在羅妹號事件結束，李仙得與卓杞篤簽訂的南岬之盟也塵埃落定近十五年後，一座世界罕見的「武裝燈塔」悄悄矗立在臺灣最南端。過了數十年，它變成日本時代民眾票選出的「臺灣八景」之一，又過了一百年，成為所有人口中的「墾丁必遊」和去到膩的畢業旅行定番。

鵝鑾鼻燈塔的時代，是燈塔四處被建立的時代。數千里遠的岬灣有無數燈塔和鵝鑾鼻燈塔交相輝映，充滿決心的冒險者、懷抱野心的商人、手持武器的士兵與帝國的使者，無不憑著這點光亮在危機四伏的海域中摸索前行。

從黑暗的海岸線走向光明，這一切，就從羅妹號事件結束的那一刻開始講起。

南岬之盟不夠看？李仙得真正想要的是……

時間回到一八六七年，話說美國李仙得在經歷種種協商與戰事後，終於和卓杞篤達成「南岬之盟」的共識。不過，得到這份盟約的李仙得並不滿意，他心知肚明這絕非長久之計。

臺灣南端既是海上交通要道，卻又暗礁四伏、非常危險，僅憑一份沒有強制力的約定，未來還是難防海難再生。為了維護國人的人身安全，李仙得不斷向當時統治臺灣的清國大聲疾呼：趕快在南岬（也就是鵝鑾鼻一帶）設置要塞和砲臺啊！如此一來不但能彰顯清國在此地的權威，更可以派清軍進駐以便救助船難人員。到了一八七二年，他更是再度來臺與清國官員交涉，要求清國在臺灣最南端鵝鑾鼻建設燈塔，照亮詭譎莫測的臺灣南端海域，從根本上降低船難發生的可能性。

於是，蓋燈塔的漫漫長路就此展開。

一開始，儘管頂著美國的外交壓力，清國政府的態度卻是一如往常地消極顢頇。畢竟對他們來說，雖然表面上領有臺灣、但並未掌控臺灣全境，要管理當時實際上是瑯嶠十八社土地的恆春一帶、「化外之地」，需要付出大量人力物力，確實很麻煩。所以，清國對李仙得的要求只是虛應故事一下，建個臨時砲臺敷衍了事。

至於鵝鑾鼻燈塔呢？雖然官方應允了此計畫，預算卻是下落不明，連個影子都沒有。只是清國政府沒想到，為了躲避一時的麻煩，繼續以「那是原住民的地盤」這種藉口推託，只會為自己的未來製造無窮無盡的困擾而已……

全世界獨一無二的「武裝燈塔」來襲

一八七一年，海上風浪再起。

一艘來自琉球的船隻於臺灣南部八瑤灣一帶遇難，雖有六十餘人倖存上岸，其中五十多人卻死於當地原住民之手。聞知此事的日本蠢蠢欲動，認為這是一個好機會，藉由幫琉球人出口惡氣，趁機佔領向自己納貢的琉球。於是日本決定決定掌握這個天賜良機，開始籌備攻打臺灣的計畫。

日本外務卿副島種臣先向美國公使詢問羅妹號事件與後續攻打臺灣的相關情事，因而結識了已在臺灣打滾過幾遭的李仙得。當時，李仙得正對於清國政府擱置臺灣南端的燈塔建設感到相當不滿，一見日本人來問，便建議日本可援引「萬國公法」促使清國修築燈塔，否則就是清國沒有盡到保護人民的責任，日本可以自行在該地建燈塔。對於正籌備攻臺計畫的日本來說，李仙得的建議等於多推了他們一把：既然是清國不負責任、不管事，日本便能名正言順地對臺進行軍事行動。一八七四年，日本正式派兵攻打瑯嶠，也就是課本上的「牡丹社事件」。事情鬧大了，焦頭爛額的清國才終於反應過來，連忙把推託已久的責任攬下，賠償琉球遇難者並保證會約束臺灣南端原住民。

而拖延多時的燈塔，終究還是得蓋。現在不只美國跟李仙得在催促清國，就連覬覦臺灣的日本、以及在牡丹社事件中充當仲裁者的英國，也都加入了催促清國蓋燈塔的行列，清國政府壓力山大，終於開

一八六〇年代的李仙得。（美國國會圖書館館藏）

始燈塔的建造作業。

一八八三年，蓋了兩年的鵝鑾鼻燈塔總算竣工。這座擁有潔白外觀的燈塔看似優雅，實際上暗藏獠牙。因位處瑯嶠十八社的勢力範圍內，為了防止原住民入侵，燈塔的圍牆外設有壕溝與炮臺。燈塔本體牆上開有槍眼，內部裝了兩尊格林機關槍，底部甚至建有避難所，即使被長時間圍困也不用怕。而燈塔的內部人員除了管理燈塔者，更有司炮者一名、巡更者八名，放眼全世界各地的燈塔，這都是非常罕見的配置：因為燈塔通常不會被隨便被攻擊。由此可見，鵝鑾鼻燈塔，可說是全球獨一無二的「武裝燈塔」。

那是一個「大家都在蓋燈塔」的時代

就在鵝鑾鼻燈塔落成的三十年前，一八五〇年代，美國的燈塔數量已高達三百二十五座。李仙得為什麼那麼執著地希望臺灣南端亮起燈塔之光呢？他大概從美國的經驗中獲得了啟示吧。

事實上，那是個全世界都在蓋燈塔的年代，而且熱潮已延續了百年之久。在十五到十九世紀的大帆船時代，風帆讓人們得以探索浩瀚大海的邊界，卻也誘使人走入萬劫不復的深淵：隱密的沙洲、防不勝防的暗礁和淒厲的暴風雨，旅途中危機四伏。就算幸運抵達了目的地，若到達的時間點是晚上，船隻往往也不敢在黑夜中強行進港，深怕一不小心就萬劫不復，只能在海岸外徘徊等待陽光乍現。

但若是有了燈塔，一切就不一樣了。

十八世紀初，美國的首座燈塔落腳波士頓。當時的波士頓碼頭已是繁榮的大港，從漁獲、皮草到非洲奴隸，波士頓港無所不包，年復一年，數以萬計的船隻爭相駛入。但堂堂一座如此繁忙的港口，船隻要靠岸的路程竟異常艱辛，水面上下藏有無數看得見與看不見的礁石，船隻失事頻傳，船員皆傾向從靠南處進港，只因那裡暗藏的危險最少。一七一三年，一群波士頓的商人終於看不下去了，一座沒有燈塔的港口，如何成為世界性的商業大港呢？那年凜冬，商人們向位於麻塞諸塞州的殖民地（對，當時美國還在英國的殖民統治下）立法機關請願，他們的心願是——一座能照亮波士頓港、讓波士頓這座城市真正走向全球的燈塔。

三年之後，美國的第一座燈塔在波士頓港南端入港主航道的小布魯斯特島（Little Brewster）上正式被點亮。儘管波士頓燈塔的光源應只是蠟燭或原始油燈，但它的光暈卻讓美國航海歷史的新時代就此燃燒。此後數十、數百座燈塔陸續矗立於美國沿岸，一八五〇年美國詩人亨利・朗費（Henry Longfellow）那首膾炙人口的〈燈塔〉（The Lighthouse）是這麼寫的：

「繼續航行吧！」燈塔說，「繼續航行吧，雄
偉的大船！
你是漂浮的橋樑，讓我們跨越海洋，
我的職責是在黑暗中守護光亮，
而你的任務是讓人與人之間不再遙遠！」

墾丁國家公園鵝鑾鼻燈塔。(維基共享資源，Joyechen提供)

就是要你蓋！當燈塔進軍東亞

不過，雖然美國的首座燈塔比臺灣本島的第一座燈塔鵝鑾鼻早了一百多年，美國更是鵝鑾鼻燈塔建成的最大推手，但在十八、十九世紀，擁有最先進燈塔技術的並非美國，而是法國與英國。

這邊不得不提一下燈塔的運作原理：透過燈鏡——反射鏡或透鏡——將光線從光源經由反射或折射，一束束地射向黑暗的大海。因此，燈鏡的品質對燈塔來說彌足重要，決定了一座燈塔到底有多亮。十九世紀初，既是工程師、也是科學家的法國人奧古斯丁・菲涅耳(Augustin-Jean Fresnel)發明了絕佳的「菲涅耳透鏡」(Fresnel lens)，這種透鏡能將光線傳

遞得比傳統燈鏡強得多也遠得多，遠勝當時美國的任何一座燈塔。

挾帶著最先進的技術之力，英、法兩個十九世紀在海洋上引領風騷的帝國，一方面向全世界輸出燈塔設備，一方面也強勢輸出「文明」，將屬於燈塔的秩序帶進亞洲。

歐美建立燈塔往往是出於商業考量，並時常由地方人士發起，然而當燈塔飄洋過海來到東亞，事情起了微妙的變化。十九世紀依靠強大工業實力在世界各地建立殖民地，或要求當地政府開港通商的歐美列強，深刻認識到了燈塔對世界商業的重要性，開始在東亞要求各地政府建設現代燈塔。比如執掌中國海關事務的總稅務司英人赫德（Robert Hart），便一手促成中國沿岸現代燈塔的建立。然而對於清國而言，燈塔意味著什麼呢？

燈塔代表的是國家對地方的掌控，同時也象徵清帝國逐漸邁向「現代國家」、「文明帝國」，包括屏東的鵝鑾鼻燈塔與高雄的旗後燈塔，都是在這樣的脈絡下誕生。

除卻清國，日本也有類似的發展，一八五八年日本與英國簽訂的《日英修好通商條約》明確規定，日本需要建造八座現代燈塔以強化海上安全。由於日本當時並沒有具備現代工程技術的人才，只好從英、法等國引進工程師，並在十年後建了日本第一座現代燈塔——位於神奈川縣的觀音崎燈塔。

無數燈塔隨著西方列強的腳步一一在亞洲各國沿岸亮起燈光，它們照亮了危機四伏的暗礁海域，行經的船員們至此獲得一絲喘息的機會。

尾聲：遼闊無邊地守望

燈塔的光繞了一圈，再次回到臺灣南方的那個岬灣。

鵝鑾鼻燈塔映照出燈塔的世界史，但實際上，它本身就是一座饒富「世界性」的燈塔。正如同英國歷史學家畢可斯（Robert Bickers）所指出的：它的主結構材料從廈門運來，燈具與玻璃帷幕出自英國伯明罕的強斯兄弟公司（Chance Brothers & Co.），武裝設備來自英國新堡的阿姆斯壯公司（Armstrong & Co.），建築磚塊則取自鵝鑾鼻當地。統籌建設燈塔的，是擔任中國官員的愛爾蘭人，工程師也是大英帝國子民；許多工人從汕頭橫渡海峽而來，甚至一些排灣族人被雇用來修築燈塔周遭的防禦工事。

鵝鑾鼻燈塔採用的也是菲涅耳透鏡，此應為鵝鑾鼻臨時燈塔採用的第六級菲涅耳透鏡。（Flickr，Pete Markham 提供）

就是這樣一座彷彿聚集了全世界的燈塔，與當時全球許許多多座落於航線上的燈塔，共同照亮了航海者迷茫的路途。如同許久以前，一位遠在美國新罕布夏州的燈塔守衛者，他的詩人女兒曾熱切歌頌與祈禱——

甜美的燈光呀，願你的光亮覆蓋到遙遠廣闊的地方，
讓世界各地的水手都能平安返航，
回到他們深愛的人身旁——
回到妻子、母親、姐妹或新娘身旁！[1]

—西莉亞・薩克斯特（Celia Thaxter），〈布恩島的守衛者〉（The Watch of Boom Island）

1 本文〈燈塔〉與〈布恩島的守衛者〉兩首詩譯文均參考自埃里克・傑・多林著，馮璇譯，《輝煌信標：美國燈塔史》，社會科學文獻出版社（2002）。

延伸閱讀

▶ 專書

- 李素芳，《臺灣的燈塔》，遠足文化（2002）

▶ 故事 StoryStudio

- 涂欣凱，〈約翰・陶德｜一位飄洋過海來臺的英格蘭少年，讓全世界看見臺灣茶〉（2021）
- 故事編輯部，〈從琉球藩民五十四名墓到石門古戰場：跟著《牡丹社事件靈魂的去向》，走讀改變臺灣的歷史現場〉（2023）

富貴角燈塔

(25° 17'47"N × 121° 32'25"E)

此圖收錄於日治時期，一九三〇年代的照片集《臺灣寫真大觀》。（國立臺灣歷史博物館館藏）

MANILA 馬尼拉

NEW TAIPEI CITY 新北

與南方的鵝鑾鼻燈塔遙遙相望，基隆崎嶇的海岸上佇立著富貴角燈塔。基隆，是日治時期臺灣北部最重要的港口，富貴角燈塔即是日本政府專為日、臺之間的聯繫所建，指引兩地間的船隻航行。而費時數日的航程中，遠方的富貴角燈塔即是船隻靠岸的信號——一九一一年的漢文臺灣日日新報上，就曾有一則〈輪船遲到〉的紀錄提到富貴角燈塔如何指引船隻辨認方向。

故事是這樣的：多名日本官員從日本內地乘船，預計從基隆港上岸，但卻比預期晚了六個小時還未抵達。原來這艘船因強風延誤了行程，又在基隆外海遇上大濃霧動彈不得。一直到天亮時分，這艘船才重新辨明方向：「霧尚未晴，至八九時間，乃認得富貴角燈臺，因變針路向基隆，認明基隆燈臺。距該港約一哩許，遂及入港。」這段驚險經歷，體現了燈塔之於航行的重要。事實上，富貴角燈塔黑白相間的外觀就是因應基隆一帶的濃霧而設計。

但這一座燈塔所見證的，不只是臺日之間的航線，還可能十九世紀下半葉那個翻騰的亞洲局勢。

富貴角燈塔

一艘來自日本的軍武船，差點扭轉巴士海峽的命運：當臺灣遇見菲律賓革命

作者／熱帶島嶼人

在新北市石門區的富貴岬邊，佇立著一座黑白相間的混凝土建物：富貴角燈塔。這座燈塔不但是臺灣島最北端的燈塔，還擁有長達百年的悠久歷史。

時間推回它剛誕生的日治初期。一八九七年，富貴角燈塔在日本人的監督下順利竣工（當時它還是鐵造結構），作為日本開拓臺灣航路的基礎建設，它的角色在當年可遠比現在重要得多。往後，富貴角燈塔照亮了北臺灣與日本間的航路，並為日人鋪設臺日間的海底電纜及航路標示打下堅實的基礎。不過，富貴角燈塔的傳奇不只於此。

在它完工兩年之際，這座燈塔本來極有可能目睹一艘顛覆巴士海峽命運的船隻來航：

一八九九年七月底，一艘蒸汽船從日本出發、目的地是菲律賓，其航路經過臺灣北部。若按照原定航程，這艘蒸汽船本將由富貴角燈塔指引——可惜的是，它卻在中途意外沈沒，最後未能抵達臺灣。

這艘船，名叫「布引丸」。船上載的不是一般貨物，而是大批日本軍武，包含剛被日本本國汰舊的步槍「村田銃」；而船上的乘客更是大有來頭，他們是菲律賓的革命鬥士，以及日本人的革命志願軍和軍事顧問。

是的，這艘船的目的，正是要支援當時正與美國打得轟轟烈

富貴角燈塔最初為鐵造結構，在二戰期間毀損，於一九六二年重建成混凝土塔身。（維基共享資源，Taiwankengo 提供）

烈的菲律賓。儘管未能成功行經臺灣，但這艘蒸汽船本該是一位極為特別的訪客。因為它的出現，象徵了一件少有人知，但卻串聯了日本、臺灣、中國與菲律賓的近代史事件……

當備受壓迫的菲律賓，準備起身反抗

菲律賓諸島有人類歷史，自然是相當悠久的事情。但這些島嶼被整合成一個稱為「菲律賓」的政治集合體，則始於十六世紀西班牙探險家的征服行動。為了尊崇當時的西班牙國王——菲利浦二世（Felipe II de España）的聲威，探險家將這片新征服地命名為「菲律賓」。自此，菲律賓的近代史遂以作為西班牙殖民地的身分展開了。[1]

這段時間的菲律賓，除了深受統治者西班牙影響外，也受到同樣是西班牙殖民地的拉丁美洲影響；甚至在拉美諸國獨立以前，菲律賓都還處於拉丁美洲行政區的管理下。所以，與其說菲律賓是西班牙的亞洲殖民地，不如說菲律賓根本是西太平洋的「西屬美洲」。

但是，這段特殊的淵源也為菲律賓種下禍端。

正如拉丁美洲一般，菲律賓也出現了常見於西班牙殖民地的社會結構：克里奧爾人（殖民者在菲律賓出生的後裔）、麥士地索人（歐洲人與本地人的混血）和半島人（從西班牙本土來到菲律賓的統治集團）。克里奧爾人中，甚至還包括在菲律賓經商致富、但後來本地化的中國移民後裔。這幾種不同群體間的矛盾與衝突，成為殖民地社會的重大隱憂。

這顆不定時炸彈，在拉丁美洲革命以前本還不算太過嚴重。但到了十九世紀，由於拉丁美洲紛紛獨立，著急的西班牙想要強化僅剩的殖民地統治、將菲律賓牢牢握在手中，於是加強半島人在菲律賓的統治特權。結果，這一著棋反而激化了原本就存在的社會矛盾，引發劇烈衝突。

在這一系列衝突中，最具指標性的事件是貢布爾薩事件（Gomburza）：菲律賓士兵和工人群起暴動，抗議半島人的社會特權。西班牙殖民當局最終鎮壓了暴動，但卻處死三名與此抗爭無關的神職人員，因為政府覺得他們才是暴動的藏鏡人。

想當然耳，此舉反而促使菲律賓人將三名神職人員視為神聖的殉教者。

以此為始，星星之火逐漸燎原，菲律賓人對殖民政府的質疑和反抗越演越烈。終於在

「貢布爾薩（Gomburza）」其實是三位遭迫害的菲律賓神父的姓氏縮寫：Mariano Gomez、José Burgos 和 Jacinto Zamora。他們三位對往後的菲律賓獨立革命造成深遠影響。（維基共享資源）

一八九六年，趁著西班牙忙於鎮壓另一個殖民地古巴的革命，菲律賓革命隨之蜂起。焦頭爛額的西班牙無力完全鎮壓遍地開花的反抗運動，菲律賓革命似乎漸漸得勢。

眼看情勢大好、獨立有望，然而，就在這時，令菲律賓革命份子意想不到的巨變發生了——兩年之後，他們的對手徹底變了一個國家。

敵軍換人了？求援刻不容緩！

一八九八年，美國介入古巴革命，與西班牙發生「美西戰爭」，僅三個月就把西班牙打得一敗塗地。而結果是：西班牙在和平條約中，秘密把自己的另一個殖民地，也就是菲律賓，賣給了美國。

這下子，菲律賓革命份子一下從對抗老敵人西班牙變成得面對太平洋彼岸的新興強國——美國的軍事力量。他們亟需國際上的支援。於是，菲律賓革命份子想向另一個太平洋上的強國求援：日本。

鏡頭轉到日本身上。眾所皆知，日本在一八九五年透過《馬關條約》從清國手中獲得臺灣，這個新殖民地成為日本向東南亞繼續擴張的前哨站。而與臺灣僅一水之隔的菲律賓，自然也逃不過日本的目光。一八九六年，當菲律賓正開始革命的時候，日本則大致完成對臺灣反抗運動的血腥鎮壓。一八九五年十一月十八日，第一任總督樺山資紀聲稱「全島悉予平定」。儘管這句話不是事實，因為臺灣的武裝反抗仍以游擊戰的方式持續進行，但大體上，日本政府確實是有些餘裕來思考菲律賓的問題了。

對於菲律賓革命，總體來說，日本政府是同情菲律賓的。這是因為此時期主張「亞洲人應團結抵抗歐美殖民主義」的「泛亞洲主義」正在日本流行，許多軍政人士也是其信仰者。而反過來說，菲律賓革命者也對唯一成為強權的亞洲國度日本寄予厚望，希望日本能支援正在反抗殖民政府的革命軍。不過，儘管同情菲律賓革命者，但日本政府並不打算貿然行動。

首先，是要調查情報。於是，帝國最南端的島嶼——臺灣，就成為日本情報部門進入菲律賓的基地。一八九七年，日本駐臺軍的楠瀨良彥少佐、坂本志魯雄大尉奉命前往菲律賓調查，其中坂本後來就長期駐紮馬尼拉，以貿易商人和新聞記者的身分進行情報作業。

一八九八年，當美菲戰爭爆發之際，坂本大尉看事態不妙，菲律賓革

坂本志魯雄是曾參與過中日甲午戰爭的記者，後來奉臺灣總督乃木希典之命潛入菲律賓搜集情報，前後在菲律賓待了七年之久。（日本國立圖書館館藏）

命軍顯非強大的美軍敵手，於是立刻傳回情報、呼籲日本軍隊介入，以臺灣軍一個大隊的兵力援助菲律賓，以保持勢力的平衡。

但是，從這裡開始，日本政府卻猶疑了。

介入或不介入？日本政府的難題

眼看菲律賓情勢急如星火，日本政府內部卻開始產生分歧。

許多政要、尤其是處理外交問題的官員，反對日本明確地介入菲律賓問題，因為此時日本還正在修改自黑船叩關後與列強簽訂的不平等條約，他們不能和美國鬧得太僵。另一方面，軍方則有不同的看法。

許多人同情菲律賓革命之餘，主張日本必須要維持太平洋勢力的平衡，避免美國在太平洋過度擴張。此外，日本軍隊也該為未來的南進鋪路。參謀本部派來的時澤大尉更大力呼籲：現在放棄援助菲律賓革命，會喪失菲律賓的人心，為將來的擴張帶來無窮麻煩。

另外，最有趣的是，我們或許可以進一步想像，在日本是否援菲的種種考量中，臺灣也佔了一個小角色。對日本軍方而言，美國的擴張有可能會為臺灣殖民統治帶來不利影響——可別忘記，臺灣的武裝反抗其實還在繼續呢！如果美國順利佔領菲律賓、擴大在亞洲的影響力，難保不會將觸角伸向臺灣，支持臺灣人對抗日本。以這個角度看來，為了預防那一天真的到來、甚至失去臺灣，日本豈能對菲律賓坐視不管？

總而言之，日本內部正反雙方爭論不休，各有各的道理。然而，儘管軍方人士堅持日本應介入菲律賓局勢，但日本政府仍決定以修改不平等條約為第一優先。因此最終日本政府的正式國策以保持中立、不觸怒美國為主——他們同情，但不介入。

雖然失望，但菲律賓革命者沒有氣餒，他們仍未放棄日本可能的支援。檯面上的行動行不通，那不是還有地下網絡嗎？也就是在這個時間點，孫文——對，就是那位我們熟悉的中華民國「國父」孫中山——登場了。

中菲日，集結吧！反抗者的秘密地下網絡

泛亞洲主義的信奉者可不只日本軍政界，事實上，當時各國有心反抗帝國主義的人士，有許多都受到泛亞洲主義的吸引。而這些泛亞洲主義者，也逐漸形成一些跨國際的革命網絡。其中，孫文作為亞洲的革命份子之一，自然也有自己的跨國革命網。除了各地的華僑

為了達成反清大業，孫文（前排右一）串連了各國同情革命志士的同志，宮崎滔天（後排中間）正是其中一位。（維基共享資源）

以外，其中最重要的，當屬日本朝野同情革命的人士。在這些同情革命的日本人中，有一名叫做宮崎滔天的浪人非常特別：此人乃是孫文的朋友、泛亞洲主義的信奉者，同時也熱心參與中國革命。

這個特別的革命網絡，如今將對菲律賓革命伸出援手。

菲律賓革命軍在日本布署人力，為的是設法取得日本的軍火和財政支援。一八九八年，菲律賓革命家代表之一，瑪利亞諾・彭西（Mariano Ponce）則受遣赴日，運作與日本朝野的關係。

在日本，彭西與參謀本部的陸軍大佐福島安正建立起聯繫；當時日本政府已表明不會支援菲律賓革命，但日本軍方可還沒放棄私底下援助菲律賓。透過福島大佐的關係，彭西開始醞釀購買舊步槍村田銃。藉著軍隊的人脈，彭西認識了軍火商大倉組，以及一名叫做鈴木的日本商人——鈴木經營日臺貿易，因此，彭西打算透過鈴木的船隻，讓軍火通過臺灣運回菲律賓。

只不過，日本內閣在得知彭西的計畫後，害怕這起計畫會破壞日美關係，連忙阻止陸軍繼續進行此事。彭西透過福島等人運輸武器的計畫就此中輟，但是購買村田銃、以海運經過臺灣運到菲律賓的計畫雛形，卻留在了彭西心裡。

也就在此時，彭西開始使用孫文的革命網絡。

彭西抵達日本以後，在日本結識了孫文。而後者對菲律賓革命大為同情，允諾要出力相助彭西。於是，孫文找來了好戰友宮崎滔天，開始籌備購置軍火、運輸到菲律賓的計畫，這個計畫也獲得後來擔任總理大臣的犬養毅支持。

最終，在孫文等人出錢、出力、出關係的支援下，彭西獲得了滿載軍火的一艘舊式蒸汽船——布引丸。此外，還有數名日本軍人志願搭船前往菲律賓，擔任菲律賓革命者的軍事顧問和志願軍，其中還包含原臺灣軍步兵中尉的長野義虎。這些人可能是同情革命的志士，也可能是不死心的參謀本部仍打算用這種方式間接支援菲律賓革命。

無論他們動機如何，一八九九年七月十九日，布引丸如期從長崎港出發了。滿載著眾人的期待與菲律賓革命的希望，這艘船預計會先停泊於臺北府，最終目的地是菲律賓。

彭西是菲律賓革命運動的重要領袖，不但在日本與孫文結識，還和日本的知識份子交流密切。圖為二年〇一三菲律賓發行的彭西紀念郵票。(維基共享資源)

尾聲：沈沒的船，不沈默的臺灣

遺憾的是，布引丸從未成功抵達菲律賓。

出航兩天之後，七月二十一日，布引丸在寧波外海因暴風雨沈沒。隨著船難發生，彭西、孫文等人的地下運作，也被公諸於世。

布引丸事件，很快成為美日關係間的外交醜聞。在此壓力下，無論是美國還是日本政府，都加強了對秘密革命網絡的監視。儘管彭西等人仍意圖準備第二艘船隻運輸軍火，但最終在重重壓力下只得作罷。

不久，由於不想浪費囤積在大倉組倉庫、已經買好的軍火，孫文在菲律賓方面的同意下，打算將軍火運至臺灣，接著轉運給他在惠州的革命黨人發動惠州起義。不料，其中一個中間人中村彌六涉嫌盜賣軍火，這批軍火也就不翼而飛。

一九〇二年，菲律賓革命徹底被美軍鎮壓。許多失意的革命份子遠走日本和香港，彭西就是其中一位。巧合的是，也是在一九〇二年，臺灣重要的武裝反抗領袖林少貓[2]為臺灣總督府所殺，臺灣從一八九五年開始的游擊隊武裝反抗也告終結。最後，兩地的武裝革命都粉碎於殖民者的鐵蹄下。

有意思的是，儘管臺灣人並未直接參與十九世紀末的菲律賓革命，我們卻能透過布引丸事件，看見臺灣在當時東亞、東南亞政局中的特殊地位。

對政府層級而言，臺灣是日本向東亞、東南亞滲透的前哨站，這就是為什麼日本政府多次派遣駐臺日軍前往菲律賓探查。但在地下網絡中，臺灣恰好卻是反帝國主義方的人員、物資轉運中繼站。

中國革命和菲律賓革命的軍火都選擇在臺灣中轉，並不只是因地理位置相近而已——作為日本的新殖民地，日本的大亞洲主義延伸至臺灣，使臺灣成了不同於鄰近帝國的特殊政治空間。也正因為日本支援大亞洲主義，才

菲律賓在美菲戰爭中含恨失敗，同時也從西屬菲律賓成為美屬菲律賓。照片為菲律賓士兵向美軍投降。（美國國家檔案館館藏）

導致亞洲革命份子可以以臺灣為中繼站，運作反清國、反歐美的革命。

那一天，東北角的富貴角燈塔沒能看見布引丸來航。但往後數十年，它終會見證來往船隻織就反抗者網絡的一角——那將是隱密、藏身於黑暗中的，卻也是不斷運作、不容當權者小覷的。

而臺灣在這其中，又會扮演什麼樣的角色呢？

---

1 這段西殖菲律賓史常被歷史學家嘆息為「失落的歷史」，因為儘管文字記載豐富，但卻幾乎都以西班牙統治者的視角出發紀錄，受殖民者的聲音則被邊緣化了。

2 林少貓，本名苗生、字義成，小名少貓，與簡大獅和柯鐵虎並稱「抗日三猛」，是臺灣游擊隊抗日時期的重要領袖，於一九〇二年被日人擊斃。

延伸閱讀

▶ 故事 StoryStudio

- 涂豐恩，〈孫中山幫過菲律賓獨立革命？——班納迪克・安德森《全球化的時代》〉（2019）
- 賴奕諭，〈一段同志關係，引發鄭氏王朝與在菲律賓的西班牙殖民政權外交危機？〉（2024）

臺南
圓環

(22° 59'50"N ╳ 120° 12'42"E)

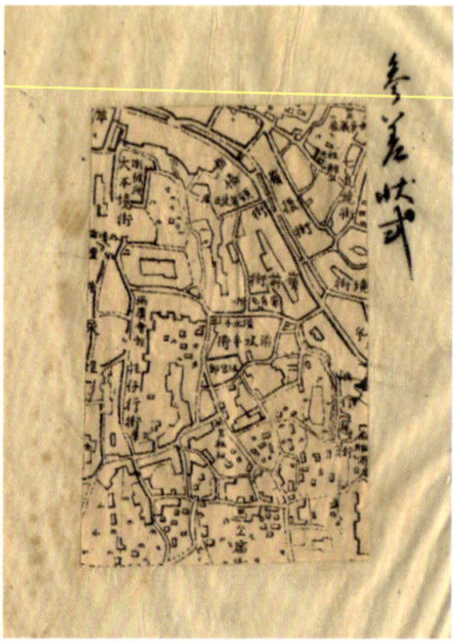

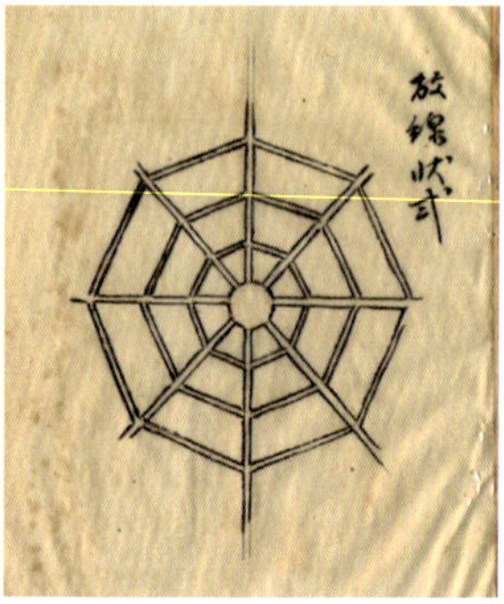

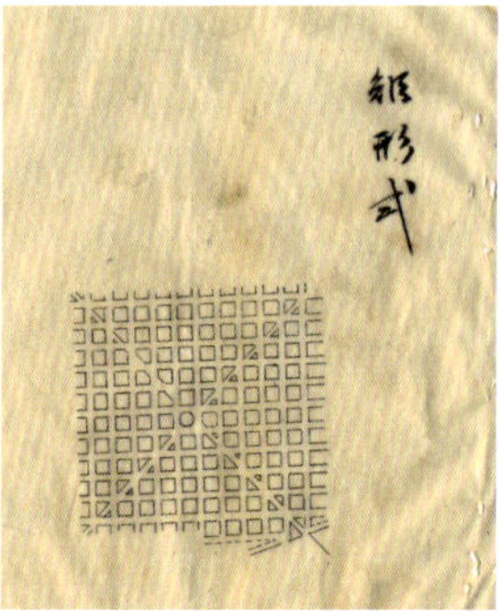

上方三張圖皆收錄於「臺南市區計畫委員會日誌、臺南市區計畫委員會規程、臺南市區計畫委員會議事錄、臺南市區計畫委員會文書收受發送簿、臺南市區計畫委員會審議事項二付取調報告」，〈明治三十五年十五年保存追加第四卷附一冊〉，《臺灣總督府檔案》，國史館臺灣文獻館（典藏號：00004709001）。左圖為臺南舊城區，圖二、三為規劃後的棋盤式，以及圓環與放射狀道路。（國史館臺灣文獻館授權提供）

PARIS 巴黎

TAINAN 臺南

這是三張描繪街景形狀的圖樣，你能想像實際將他們應用在城市中的樣子嗎？

這是兩種風格截然不同的樣式：左邊這張大小錯落、路徑曲折蜿繞的地圖，或許會讓喜愛整齊的人忍不住想動手把圖中的街道擺正；右邊這兩張井然有序的圖樣，似乎完全落實「規劃」的意志，將街道的形狀完美對稱、整齊畫一。這兩種樣式描繪的都是臺南街道：只不過左邊的「參差式」紀錄的是一九一一年日本政府推行市區改正計畫之前，右邊的「雛型式」和「放線狀式」則是在臺南經歷重整之後的樣子。重整一座城市並非易事，更何況臺南原先的路況如此蜿蜒繁複——為何日本人要花費工夫，改造這座城市？

二十一世紀的我們或許很難想像，都市中的圓環曾經是流行時髦的設計，臺南的圓環原是遙遠地向巴黎凱旋門圓環致敬。不過除了跟隨風潮之外，日本政府為什麼選擇圓環作為改正臺南的計畫？

改造後的臺南街道筆直而整齊，不過為何整齊、美觀、清潔對於統治者來說如此重要？這一切，都跟殖民統治的思維息息相關……

臺南圓環

這座城市圓環怎麼那麼多？讓遊客暈頭轉向的臺南特色，源自巴黎的一場血腥革命

作者／廖品硯

來到臺南的旅客，想必都會同意文學家葉石濤對臺南的完美評價：「這是個適於人們做夢、幹活、戀愛、結婚，悠然過日子的好地方」。跳上火車，到臺南點道鮮美的鱔魚意麵，接著來一包熱騰騰的白糖粿，然後在漁光島享受夕日景色，想必是一趟閒適的旅程。但在葉石濤身處的時代，他或許還沒有深切感受到，日本時代最新穎的地景——圓環，竟成了令當代遊客感到最無奈的地方。

對無數不熟悉臺南的觀光客來說，一旦開進圓環中，就不知何時何地才能繞出來，簡直是外地人遊府城的最大夢魘。更糟的是，這樣的圓環在臺南市居然多達九個！它們全都在

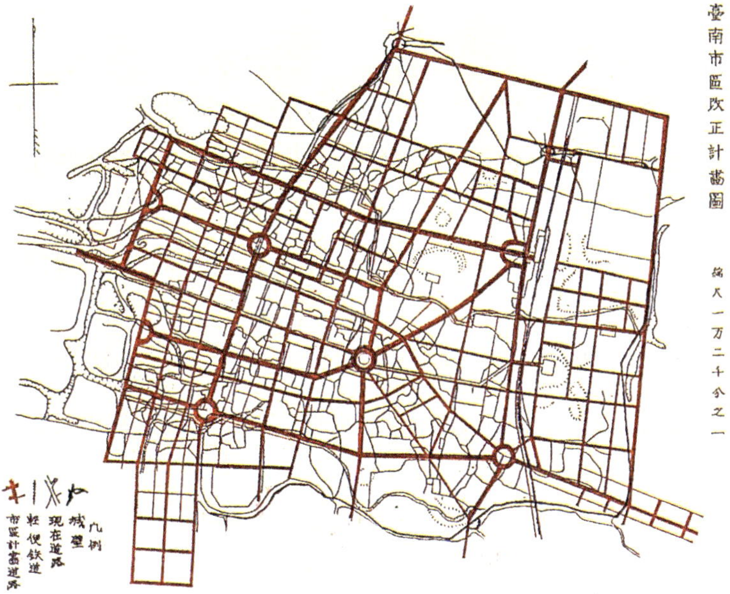

臺南市市區改正的規劃地圖，可看到圓環貫穿了城市的脈動。（維基共享資源）

交通要道上，非但想躲都躲不開，還會因為搞錯路口而原地打轉。

究竟為什麼臺南的圓環這麼多？原來，當年負責規劃臺南都市路線的技師長野純藏，依循自己參訪巴黎萬國博覽會的經驗，仿效凱旋門圓環與巴黎的放射狀道路，期望行人與車輛能在寬闊的視野下，悠然自在地前往目的地——孰料卻整倒了百年後來此觀光的一干外地觀光客。

不過，師法巴黎四通八達的圓環道路也好、筆直通順的都市地景也罷，其實都不只為了更美好的市容，更是殖民者設下的陷阱……

看得見的城市，看不見的統治

故事說回日本治臺之初，臺灣的城市街道依舊惡臭、汙穢不堪，疫病傳播層出不窮。彼時擔任臺灣總督府衛生顧問的後藤新平，便延攬曾調查日本各地上下水道的蘇格蘭技師巴爾登（William Burton），著手考察全臺的排水工程，並提出了針對臺北、臺中的改善建議，從此開啟了轟轟烈烈、全面改造臺灣城市的「市區改正」（相當於今天的都市計劃）先聲。

改造惡臭環境的第一步，便是整備城市的下水道工程，整頓一般家屋的通風排水格局，以改善病媒蚊與污穢惡臭的環境。接下來，則是拆除清代遺留的城牆，以及原先蜿蜒曲折的街道小巷，並以棋盤式的、道路筆直的街廓取而代之。

在總督府及各地政府的執行下，臺灣各大城市漸漸變成我們所熟悉的近現代都市：平坦無垠的大道、整齊劃一的行道樹，如同日本時代明信片一般繁榮的景色。

但是，如果你也覺得這是總督府的德政，那可就中了日本人的計啦。

明面上，市區改正打著改善衛生交通的名目，將各都市換上嶄新亮麗的面容。但暗地裡，總督府卻憑藉「觀看」的機制，將權力遍佈都市的每個角落，建構一般人難以洞悉，卻又無所不在的統治權威。

要為市容煥然一新，總督府先得確保自己的視線又遠又清晰。因此，打通城市內蔓生的巷弄、胡同，便是首要工程。總督府拆除清代築起的城牆，並沿著舊城牆位置鋪出適合人車通行的大道；另外，也鑿穿雜亂無章的街巷，規劃出縝密的棋盤式街廓。

明亮、通透的街景，為改造城市的下一步做足準備。總督府接著在都市裡大大小小的交通節點，樹立起需要抬頭瞻仰，才能一覽全貌的銅像、紀念碑以及官廳建築——為的就是引導市民秩序齊一地投射視線，觀看這類建築物，並感受它們蘊含的統治象徵性及神聖性。

舊臺北城為範圍的城內地區，就是日本殖民者施行統治技藝的最佳案例。來到臺北公園（今二二八和平公園）散步的市民，隨時都能見到兒玉源太郎、後藤新平兩位殖民官僚的尊貴銅像；不遠處，還能夠感受到臺灣總督府（今總統府）的塔樓，如一語不發的巨人，死死盯著城內大小角落。這一切看似中性且符合現代文明的建物，實則都是用來告誡市民：「總督府老大哥時時刻刻盯著你」的統治工具。

除了展示威嚴，市區改正工程更在不知不覺間，將都市切割成一塊塊具有社會意涵的異質區域。在某些區域內，統治者引進更多的公共設施，但是在其他地區，則刻意忽視、延緩都市規劃的施行——這便是為何以日本人為主的臺北城內，遠比大稻埕、艋舺等臺灣人街區，還能享有更多綠地、公眾運輸的原因。

看完臺北的案例後，當我們再審視臺南市區這九座圓環，它們不是在中央佇立供人觀瞻的兒玉、後藤銅像，就是在周遭建起一座又一座雄偉的官廳大樓。此外，透過圓環與棋盤式的街廓，臺南市區也被分隔出日本人在圓環內、臺灣人在圓環外的分布，而公共資源亦同樣多分布在日本人所在地。

話又說回來，日本在都市施展統治權力固然有一套。但是這一套，或許還遠遠不及它所效法的對象，也就是長野純藏欽羨的現代之都——巴黎。

整個城市都是我的戰場

見證巴黎如何煥然一新以前，讓我們先藉由雨果的鉅作《悲慘世界》（Les Misérables），想像舊巴黎的真實樣貌。

小說的後半段，時間進入一八三〇年代。此時法國剛剛終結厲行專制的波旁復闢，轉而開啟立憲統治的七月王朝。不過，即位的路易．菲利普一世，雖然法國大革命期間他站在革命政府一方，但後來又叛逃奧地利。何況換了個位子坐，總得換個腦袋、換個思維。同時面對共和黨人與保皇勢力，他選擇兩方不得罪。

因此，七月王朝看似較陳舊的波旁來得自由、開放，但看在擁護共和、追求平等的青年眼裡，它還是大大落後時代的腳步。而這正是小說後半段主要人物——青年馬呂思的想法。

一八三二年六月，共和黨人們於巴黎發動起義，打算推翻七月王朝的統治。《悲慘世界》後半即以這次事件為背景，展現馬呂思和夥伴們抵抗軍隊的過程。

其中最值得注意的，是共和黨人們在與軍隊對峙前所做的準備。他們首先鑽入一條街口開闊、越往裡面則越窄的死巷，隨後拆下酒樓的鐵條，堆起石灰桶和酒桶，甚至將馬車推倒在路中間。不出多少力氣，半條街就被兩公尺高的雜物堵死，一座巷戰碉堡煞然成形。

雖然堡壘工事搭建得快，但是在法

拿破崙三世即位之前的舊巴黎，歪曲的小巷、窄道、臭水溝橫流。（美國紐約大都會博物館館藏）

軍猛烈的砲火攻勢下，共和黨人只得敗退收場。此時馬呂思身受重傷，作為小說主角、同時也是馬呂思戀人父親的尚萬強現身，他趕緊揹起馬呂思，遁入汙穢骯髒的下水道，逃避警察的追捕。

有趣的是，《悲慘世界》裏這座骯髒、混亂的城市，其實與真實世界的巴黎相差無幾。和我們現在所想像的花都意象大不相同，十九世紀前期的巴黎，香榭大道沒有現在那般開闊，凱旋門周圍也沒有拉出芒星放射狀的筆直街道。

在革命、反抗成為常態的年代，巴黎街巷時不時就出現像是馬呂思與夥伴們所築起的碉堡。這座具有數百年歷史的法國首都，街屋陳舊、道路錯綜，底層人民時時刻刻都能覓得一個進可攻、退可守的據點。巴黎不僅是革命的孳生地，當地環境更是糟糕透頂。根據英國小說家法蘭西斯・特羅洛普（Frances Trollope）令人怵目驚心的記述：馬車行經之處，塵土飛揚；垃圾與糞便堆積如山；屠宰場附近的血水四處流淌。難怪尚萬強會選擇躲入下水道內，畢竟警察也絕不想踏入這不潔之地。

或許，用地獄形容當時的巴黎都不為過，而當政者又究竟得下多大一番功夫，才能將地獄整頓為如今現代文明的巴黎呢？

大刀闊斧：奧斯曼的巴黎改造工程

隨著路易．菲利普一世越發箝制政治集會及言論自由，他也漸漸失去聲望。一八四八年二月，當巴黎人民被禁止為美國總統華盛頓（George Washington）慶生聚會時，長期以來對路易・菲利普的不滿就此引爆，導致了讓七月王朝垮臺的「二月革命」。

革命結束後，拿破崙一世的姪子夏爾—路易—拿破崙・波拿巴（Charles-Louis-Napoléon Bonaparte）以高票擔任總統，這位姪兒選擇走上與伯父相同的道路，發動政變，自立為拿破崙三世，迎來法蘭西第二帝國時期。拿破崙三世最為人所知的政績，除了讓法國的殖民足跡再度遍佈世界以外，就是自一八五三年任用喬治．奧斯曼（Georges Haussmann）為塞納省省長，開啟巴黎一系列的都市計畫。

奧斯曼最大的著力點，便是路網及基礎建設。過去的拿破崙一世、七月王朝雖都有著手進行都市規劃，但是在奧斯曼眼裡，都是無趣的工程。他決定打通並拓寬市中心數條縱向、

喬治・奧斯曼男爵，堪稱是今天巴黎的締造者。（法國國家圖書館館藏）

橫向大道，並嘗試將路網拓展至巴黎郊區，展開向外輻射的視野，並清除市內狹窄陰暗的地區。除此之外，排水系統、中央市場、公園綠地等公共設施，也都在奧斯曼的指示下一一落成。

就這樣，原先老舊、骯髒、以臭氣和穢物聞名的巴黎，便在奧斯曼的巧手之下，妝飾成新穎氣派的花都。

不過話說回來，明明是要操刀法國首善之都的大工程，奧斯曼竟沒有工程、都市規劃的相關歷練，僅僅作為一位認份的行政職員，便扛下如此重責大任。不過，或許正因為出身業餘，旁觀者清，

在奧斯曼的改造下，變得漂亮、乾淨、格局方正的巴黎，也被譽為歐洲都市的楷模。（維基共享資源）

奧斯曼才敢於大刀闊斧地改革吧。此外，奧斯曼之所以敢對巴黎各個角落上下其手，還有皇帝與法令在背後撐腰。就在他上任的前一年，帝國元老院即賦予行政官可憑藉皇帝諭告徵收土地的權力。這樣一來，奧斯曼便可以有恃無恐地拆除破舊的巴黎建築，進而描繪心目中的都市藍圖。

只不過，當奧斯曼看似領著巴黎朝向繁榮邁進時，許多質疑的聲浪亦從四面八方湧入。這些負面意見中，最不可忽視的便是財政問題。前前後後近二十年，奧斯曼每年都要花掉巴黎市約百分之三十的預算，在都市內大張旗鼓拆除、營建、整修，導致巴黎面臨破產邊緣。撇開債臺高築的爭議，奧斯曼一面廣興公共空間，一面收奪常民的不動產，加上新建住宅遠遠不及人口增加速率，直接造成猶如今日臺灣面臨的窘境：住宅供不應求，地價、房租持續上漲，工人階級像是被流放一般轉往郊區，在夾縫中求生。巴黎市便不知不覺間，出現貧富的地域分野。

總而言之，奧斯曼確實讓巴黎一躍成為歐洲，乃至於全世界的一流都市。有關他的各種功過，自然留給後代云云大眾予以定論。不過，當時間來到一八七一年，在憤怒的巴黎市民眼中，奧斯曼的工程或許不是三言兩語就能定調。

巴黎公社的覆滅：在都市消散殆盡的革命與激情

風光一時的拿破崙三世統治了法國二十年，但在其統治的最後歲月，卻無法抵擋持續擴張的新晉列強普魯士，反而在一八七〇年御駕親征普法戰爭時敗下陣來，甚至在戰場上投降被俘。投降消息甫一傳回法國境內，又是一陣革命抗爭，並讓法國迎來多災多難的第三共和時期。起初，第三共和由資產階級為主的國防政府把持，這就引來渴望建立一個更民主、更平等政權的中下階級不滿。

到了一八七一年三月，由於底層階級利益長久不被顧及，巴黎市郊的群眾倏然掀起紅旗，法國最後的革命，也是世界上第一個社會主義政權——「巴黎公社」由此揭開序幕。

參加巴黎公社的群眾擁護民主共和體制，並帶著社會主義式的關懷，發布許多關懷邊緣群體的政策。可就在巴黎公社一面守衛巴黎，一面試圖實踐美好的政治理想時，國防政府的大軍卻從凡爾賽向巴黎挺進。從四月開始，軍隊漸次增加人數、壓力予公社一方，持續到五月二十一日攻破巴黎城門後，軍隊對巴黎公社進行為期一週的殘酷鎮壓——「流血週」(Semaine Sanglante)，後續更以同樣嚴厲的方式追究、清算公社成員。

有別於先祖輩們長期、奮力抵抗，這場法國最後的革命，竟在短時間內就被撲滅殆盡，不免令人好奇，何以致此？

一方面，我們不能忽略巴黎公社的成員，多半就是巴黎市郊勢單力薄的群眾。即便公社人數多達十萬上下，但面對同樣人數，卻配備強大火力的政府軍隊，依舊只能束手就擒。就國防政府軍而言，他們早已對破解巴黎巷戰的方式瞭若指掌。直到十九世紀中後期，巷戰都還是巴黎常見的光景。但是鎮壓久了以後，軍隊也發現，只要進入巷弄兩旁的建物，從工事側面射擊、進逼，就能有效打破僵持的局面。因此，當一八七一年的公社成員選擇堆起工事的那刻，他們的反抗就注定以失敗告終。

過去隨處可見的要道、障礙消失之後，公社成員只能在大道上修築路障，再也沒有別的掩體保護他們了。（美國紐約大都會博物館館藏）

最後，巴黎公社的人或許早已發現，經過大規模的城市規劃後不再有易守難攻的巷弄可供搭建堡壘，只能夠將防禦工事架在奧斯曼所整修的大道上。《悲慘世界》裡，共和黨人築街壘的的經驗早已失效，在暢通無阻的大道上，公社群眾儼然是眾矢之的。他們望著大道的端點盡頭，除了步步逼近的政府軍隊外，彷彿看見一座座雕像、高聳建物或紀念碑，似乎正以既嚴肅又戲謔的姿態，俯視沒有能力、沒有氣力更沒有權力，反抗國家的公社成員們。

就在這幾十年來，奧斯曼大肆改造巴黎的過程中，不只是拉直道路、蓋起百貨公司、清了清下水道，更像是施了魔法一般：歪曲的小巷不見了、隨手可築的街壘不見了、打帶跑游擊戰的空間不見了，路上的人們在子彈面前無所遁形，軍隊無情地捻熄最後一縷革命的火苗。

尾聲：讓權威在空間裡消融

無論是臺南、臺北還是巴黎，統治者無不以操縱空間，來彰顯「看」與「被看」的權力。也因此，在日本殖民統治的五十年來，臺南和臺北始終都維持著秩序，而巴黎的革命氣息也消散在城市之中。

這些地方，經歷戰爭以及政權的轉換後，似乎沒有多少改變。臺南其中一個圓環大正公園，在戰後改為民生綠園，並被放上孫文銅像；而臺北的總督府，則被蔣介石欽定為他尊貴的總統府；巴黎的凱旋門及其廣場，甚至被納粹德軍以「凱旋」之姿通過、遊行。這些精心設計的空間，在改朝換代後，都持續透過觀看的機制，展示著國家的權威與規訓，彷彿統治者在空間中施展的權力，沒有一絲可被干預的餘地。

不過，到了民主、自由化的當代，能夠掌握話語、產生影響的，也不再是統治者的專利。二〇一四年，民生綠園豎立的銅像，從未曾長駐臺灣的孫文，變成為了家鄉與理想從容就義的湯德章。每年三月十三日，為了紀念那份素樸的正義與勇氣，臺南人總是自發性地來到現已名為湯德章紀念公園的圓環，進行悼念。

總是與「勝利」意象脫不了關係的凱旋門，卻也在一次世界大戰後，於凱旋門下安置紀念一戰士兵的「無名戰士墓」，在訪客不自覺地跟著稱道統治者的「凱旋」與「勝利」時，也提醒世人戰爭的殘酷，與每一個個體的犧牲。

帝國或威權統治下的城市空間，詮釋權當然被操弄於掌權者的手中。但反過來說，在眾聲喧嘩的民主社會，我們自然可以將同樣的空間，賦予屬於我們的意義，與我們的記憶。

延伸閱讀

▶ 專書

- 大衛・哈維著，黃煜文譯，《巴黎，現代性之都》，群學出版（2007）
- 中央研究院數位文化中心，《臺南歷史地圖散步》，臺灣東販（2019）

▶ 故事 StoryStudio

- 貝涅・彼特著，藍漢傑譯，〈現代巴黎的誕生：從十九世紀開膛手男爵的都市改造，到二十世紀城市建築大躍進〉（2018）
- 雷鎧亦，〈地獄般的臺灣百慕達，原應是座人間天堂：來自英國速記員，變調的田園城市狂想〉（2022）

臺南
可果美

(22° 56'06"N × 120° 21’09”E)

左圖為「番社采風圖」，右圖為局部放大，這是臺灣監察御史六十七巡視臺灣期間（1744-1747 年）命工繪製之原住民風俗圖。（圖片由國立臺灣歷史博物館授權提供）

RUSSIA 俄羅斯

TAINAN 臺南

番茄的台語是 Tamato（tah-má-tō），還是柑仔蜜（kam-á-bit）？其實，台語中稱呼「番茄」的詞彙不只一種，這些詞彙發音迥異，卻都各自留下外來語轉化後的異國風情。

這些外來語的痕跡，指向的是番茄在臺灣的身世故事。從這張十八世紀的《番社采風圖》中，可以看到番茄已經以「柑仔蜜」為名被紀錄，表示在更早的歷史裡，番茄早就遠渡重洋從南美洲到亞洲，再輾轉來到臺灣。而番茄的歷史也不僅止於此，數百年來，臺灣人食用番茄的方法也隨時代演進。采風圖中描述番茄為「柑子蜜生不可食用糖為蜜餞之品」，而百年後，這些紅紅綠綠的果實更被加工成番茄醬，成為大人小孩都愛的調味料。在嘉南平原上，就有一家從日本開到臺灣來的番茄醬公司：「可果美」。

番茄醬這種洋氣十足的調味料，是從何時開始滲入臺灣人的飲食習慣之中？而在什麼樣的條件下，臺灣的番茄被有規模地種植、加工，成為銷往全世界的重要產品？

臺南可果美

感謝日本搶贏俄羅斯的漁場，臺灣開始種番茄了：番茄醬與茄汁罐頭的百年史

作者／廖品硯

傳統早餐店裡的薯餅和小熱狗，要擠上番茄醬才對味；而茄汁鯖魚罐頭，更是另一項加上番茄醬汁就讓食物風味翻轉的例子。儘管不少人拒生番茄於千里之外，但透過一道道神奇的加工手序，番茄製品早已成為臺灣人日常吃食中不可或缺的一味。

番茄製品是如何攻佔臺灣人的味蕾的？

它的「番」字，似乎和「番麥」、「番石榴」及「番薯」一樣，暗示了番茄是由外國人引進；而我們確實也總在義大利麵、薯條和熱狗這些歐美餐飲中，嚐到番茄的鮮味。不過，出乎意料的是，就在臺灣人認為最本土、坐擁最多臺灣傳統美味的臺南，卻有一家專門生產番

茄醬、番茄罐頭這些洋派番茄製品的「可果美」公司——而且，深究可果美的背景，更會發現它並非來自番茄醬大國美國，而是與擁有番茄般紅通通太陽國旗的日本有所關聯。

西洋的番茄、日本的可果美，怎麼會匯聚在臺灣這座島嶼上？

想回答這個問題，我們得先把目光轉向鄰居：東洋日本。因為，臺灣番茄製品的起飛，正與日本海軍的戰艦有深刻的淵源……

新時代的舌頭，新時代的蔬果：明治維新的洋食料理

在日本，與番茄醬搭配的美味，正是隨著「明治維新」的演進而誕生。

十九世紀，日本有識之士從歐美各國的進逼中，嗅到山雨欲來的新時代氣息。他們所建立的新政府，有意識地移植西洋現代化的軍隊、交通設施和法律制度，使日本能夠穩定步上脫亞入歐的軌道。

不只是政策制度煥然一新，橫濱港邊的紅磚洋樓，街上著西裝、拄拐杖的男士，以及馬車、路燈和地下水的出現，都顯示出日本舉國上下的變革——甚至於，常民餐桌上的菜色也隨之翻新。

日本有近千年的時間受到來自中國的佛教戒律影響，多數日本人的日常吃食以不殺生、無肉為原則。直到明治維新時，日本自西方學習營養知識，希望國民養成如洋人般強健的體魄，紛紛提倡洋食和肉食。番茄，也趁著這波推崇洋食的風氣，開始在日本廣為流傳。

其實透過早期的越洋貿易，番茄早已登陸日本。但是在缺乏相關經驗和品種改良技術的情況下，看著這顆又綠又紅的蔬果，散發鮮豔得詭異的顏色，日本起初只把番茄充作觀賞用植物對待。

直到洋食普及後，一八九九年，一位剛從日清戰爭服完兵役的日本人蟹江一太郎，回到老家愛知縣開始嘗試種植我們今日熟悉的大紅番茄。起初，蟹江將自己種的番茄賣給飯店與洋食店，但日本國民普遍對於鮮紅的番茄反應平平，不敢貿然食用。為了促進番茄的銷售，蟹江自己師法國外大廠，試著將其加工成各式製品，讓國民更能踏入番茄的懷抱。就這樣在

一九二二年的東京印象。明治維新不僅改造日本的街景，也翻新了日本人的飲食習慣。（紐約公共圖書館館藏）

一九〇三年，蟹江研發了近似肉醬的番茄醬汁（Tomato sauce）；緊接著，五年內，蟹江更做出日本第一罐番茄醬（Ketchup）。

就像我們身邊有許多不敢吃番茄，卻喜歡吃番茄醬、番茄肉醬的朋友一般，蟹江的產品成功吸引日本人的注意。當時，可樂餅、漢堡排等洋食料理開始上了餐廳、乃至於日本國民們的餐桌，正好給了番茄醬大展身手，當一個最佳佐料的好機會。

而這位研發日本第一批番茄製品，讓番茄搭著洋食熱潮普及全日本的蟹江一太郎，就在一九一七年創立了日本最大的番茄製廠——也就是日後紮根臺南的「可果美」公司。

打贏了仗，就需要更多番茄：茄汁罐頭隆重問世

但不只是可果美創辦人蟹江一太郎的努力，番茄製品還在日本對外戰爭的推波助瀾下，得到另一個成為全民美食的機會。

可果美的創辦人：蟹江一太郎。（維基共享資源）

說起日本對外戰爭，大家都瞭解影響臺灣歷史進程的日清戰爭，以及課本會提及、但我們不大熟悉的日俄戰爭。日本投入這兩場近代重要的對外戰役時，不只是軍隊、槍砲和船艦使用當時新穎的現代化裝備，士兵們食用的口糧，也進行了現代化的翻新。十九、二十世紀之交，日本軍隊早就不像大河劇裡的士兵，吃著用布巾包裹的飯糰雜糧。魚罐頭、牛肉罐頭以及咖哩罐頭，早已見容於日本海軍的廚房內。

即食、品質穩定、種類豐富、保存時間又長，這些優點使得罐頭很適合當作軍糧。不僅如此，為了使巡航大海的士兵們不致迷失時間感，軍隊還會安排每週七天固定吃哪一種類的罐頭（例如週五固

日俄戰爭時期，出雲號戰艦上的官兵們在準備軍官餐點擺設。（吉本光藏攝影日露戦争写真，東京藝術大学館藏，維基共享資源提供）

定吃咖哩）。

早先日本生產的罐頭幾乎都充作軍糧，而在日清戰爭到日俄戰爭十年間，產量更增加到九倍之多。罐頭的好，日本海軍都知道。而日本在日俄戰爭中擊敗俄羅斯後，兩國簽訂了「日露漁業協約」（露指的是俄羅斯），保障日本漁民的漁網能撒向俄羅斯遠東，如千島群島、庫頁島周遭海域，甚至遠及堪察加半島處。這項條約使得大量漁產湧回日本本土，不只是漁民收入增加，更代表海軍軍人可以加菜了！

增加的漁獲，自然投入到易保存的罐頭製程中。但是，為了均衡充滿魚肉且時常口味過鹹的罐頭，罐頭廠們把腦筋動到了番茄上頭。富含維他命C，加上酸甜清爽的風味……這不正是罐頭所缺乏的嗎？

廣受歡迎的蕃茄魚罐頭，其實已流傳百年。（維基共享資源，Pannet 提供）

於是乎，番茄鯖魚、番茄沙丁魚、番茄鮪魚，這些我們現今在颱風天會屯購的番茄系列魚罐頭，於百年前隆重問世。只要是魚類，通通都能加入番茄一同醃漬，使番茄的需求量進一步大增，在二十世紀初期大舉受到日本國民的歡迎。需求量雖然大增，但萬能的番茄卻不是輕輕鬆鬆就能種出來。來自中南美洲的它，適合在溫度不高也不低的氣候種植。而每年冬季必定下雪的日本，除了溫暖的九州地區之外，只能在特定季節種植與採收番茄。

但是，別忘了，我們談的是一百年前的日本。除了北海道、本州、四國和九州，四季如春的臺灣，當時也是日本帝國的領地——腦筋轉得快的日本，開始將一顆顆番茄帶到臺灣島上，使臺灣歷史和番茄緊密交織在一起。

嘉南平原上竄出的鮮紅星點：臺南，成為番茄種植與加工重鎮

其實臺灣與番茄的糾葛，和日本非常相像。

早在清國統治初期，番茄就可能經由西班牙的殖民地菲律賓引入臺灣。臺灣首任知府蔣毓英編修的《臺灣府志》上，就記載了現今臺語所稱的「柑仔蜜」(kam-á-bit)，這很可能就是從菲律賓語 kamatis 演變而來。只不過這時的番茄，是直徑不過一點五公分、味道清淡而充作觀賞用的小小番茄。就連十九世紀來臺的馬偕牧師也曾在日記裡頭提及，漢人和平埔族人都不甚喜歡這種味淡的小番茄。

直到日本明治維新後，日本有了前文提到的洋食風潮與罐頭需求，在日俄戰爭後的一九〇九年，才開始引入大番茄。隨後，臺灣總督府以臺南為中心，持續近二十年時間改良、擴

大種植番茄。之所以選擇在臺南種番茄，一方面自然是拜嘉南平原的氣候所賜。臺南夏季炎熱，但冬季不易降雨又溫暖舒適的氣溫，完全是番茄最佳的生長環境。另一方面，秋、冬之際播種番茄，不會和甘蔗、稻米兩樣重要作物的時間有所衝突，使得農民們能夠將種番茄當作一筆額外的外快。

待到一九三〇年代，番茄能夠穩定地栽種、採收，加工產業也應運而生。不過，設備、資本並不會從天上掉下來，番茄加工能夠順利展開，得力於早已足具規模的鳳梨罐頭產業。由於配合鳳梨的產季工作，鳳梨罐頭工廠原本在冬天並未運轉；直到番茄的大量種植，讓他們嗅到另一絲商機，不少加工廠才開始全年無休，輪番製作鳳梨及番茄製品。

隨著番茄製品產量增加，日本內地的大廠牌也注意到臺灣的番茄及番茄加工廠，甚至連可果美都派員調查來臺設廠的可行性。只可惜當時的可果美認為，臺灣工業用水不足，番茄表皮雜質洗得不乾淨，因而打消了設廠的念頭。

儘管如此，臺灣的番茄和加工業者卻相當爭氣，憑藉內需和外銷，將臺灣番茄送到家家戶戶的餐桌上頭。對內，臺灣在日本殖民統治下，開啟和日本類似的現代化、西化進程，因此出現了一批喜好洋食口味的內需市場。對外，番茄加工廠利用臺灣秋冬產季的優勢，大量輸出番茄至日本、滿州，甚至在二戰時期跨洋外銷至歐美國家。

沒有大企業的加持，番茄農和工廠主們靠一己之力打拚，將這顆西洋蔬果，透過臺南的陽光、空氣和水，轉變成東洋人的口味，進而再次越過重洋，輸往世界各處。

尾聲：可果美終究降臨！再探番茄的百年身世

到了戰後，日本殖民統治結束、總督府撤離臺灣，而臺南的番茄田，依然在嘉南平原吸收充沛的陽光，緩緩生長。

但不知是歷史的巧合，抑或是命運的安排，一九二〇年代放棄在臺灣設廠的日本大廠可果美，卻在三十年後的一九六七年與日本的三井物產、臺灣的臺南食品共同出資，並選在當初的番茄種植、加工重鎮——臺南，成立了「臺灣可果美」。

臺灣可果美正好承接一九五、六〇年代美援的結束，並準備迎接一九八年代大型西式餐飲入駐臺灣。這兩個臺灣飲食史的座標，讓他們的番茄和番茄製品，走入家家戶戶的餐桌，也成為美而美、麥味登和呷尚飽早餐店的必備醬料。

儘管番茄早已滲入我們習慣的西式餐點裡頭，難以想像我們習慣的「番」茄與紅毛「番」關係不大，反而和日本有著千絲萬縷的聯繫。但有趣的是，關於這段隱微的歷史記憶，還能透過臺語尋覓到片面的線索：前面提到番茄的臺語是「柑仔蜜」，但或許生活中也時常聽到另個版本的說法——「偷媽偷」（トマト）。這個以一口日式發音唸出來的英文單字，又轉化成為番茄的另一種台語代稱。唸著這個打趣的名字，或許更容易讓我們想像，自日本時代起，一顆顆「偷媽偷」在嘉南平原上頭，受到農民細心培育、採摘、加工的百年歷史。

延伸閱讀

▶ 故事 StoryStudio

- 林聖峰，〈西式早餐店如何攻佔臺灣大街小巷？從反共、美援到大加盟時代，臺味早餐事件簿〉（2021）
- 檔案樂活情報｜檔案局，〈鳳梨果然「旺來」！為臺灣島賺進大把外匯，繁榮地方經濟的鳳梨罐頭〉（2022）
- 艾德嘉，〈打贏日俄戰爭的關鍵在苗栗？被國家改造的紀念碑，和真真假假的戰場記憶〉（2023）

嘉義舊監獄

(23° 29'10"N × 120° 27'31"E)

嘉義舊監獄鳥瞰圖。（維基共享資源，張利聰攝）

PENNSYLVANIA 賓夕凡尼亞州

CHIAYI 嘉義

環形的中心，放射狀的建築結構——這張圖中的建築物，是不是和前面篇章中的臺南圓環有著相近的結構？不僅是外觀類似，這兩種功能、型態不同的建設，其實包藏著一樣的治理意圖。

這是嘉義舊監獄的遺址，過去在日治時期被稱為「臺南刑務所嘉義支所」，作為拘禁罪犯之用。出自便於監控管理的目的，這座監獄的設計師將建築排列成放射狀，如此一來從中央室放眼望去，每一道牢房的動靜皆無所隱藏。而這座監獄的中央並不僅僅作為管理用途，根據史料紀載，中央室設有佛龕，監獄的管理者會集中受刑人來此祭祀，「宗教」，也成為硬性監禁外另一種無形的教化手段。

這座新式監獄帶著現代化的治理眼光而誕生，而這種管理監獄的新思維究竟從何而來？感訓場所的設計如何將使統治權力能更便利地施展？

嘉義舊監獄

全球已成稀有種的監獄長怎樣？一個前罪犯的「監牢烏托邦」之夢

作者／涂欣凱

嘉義舊監獄，是全臺灣唯一一座完整保存下來的日治時期刑務所建築，目前是法務部轄下的獄政博物館，也曾出現在侯孝賢的電影《童年往事》中。一走進嘉義舊監獄，映入眼簾的是氣派的大門與走廊盡頭的中央控制臺，站在控制臺旁可以清楚看到三條舍房的動態，一覽無遺的視線就有如監視著牢房與犯人的管理者。

嘉義舊監獄另外還有個很酷的頭銜：全世界唯二保留完整的木造賓州式監獄（另一座是日本北海道的網走監獄）。不過，賓州式建築有什麼特殊之處嗎？

想回答這個問題，故事得先從一位身懷任務跑來臺灣蓋監獄的日本建築師說起……

想從包青天進化到現代法官，先從監獄改造開始

建築師山下啟次郎第一次踏上這座燠熱的南方小島，身上肩負著一個聽起來很特別的使命——打造臺灣的新式監獄。

不過就是關押犯人的監獄，還分什麼新式和舊式呢？山下啟次郎接到的要求，實際上與東亞世界充滿沉痾的傳統司法制度有關。在清國統治下的臺灣，地方的行政長官自己便兼任法官，比起大快人心、鐵面無私的「包青天式」執法，更可能出現球員兼裁判的不公現象，刑罰裁量上也沒有我們現在所謂的「有期徒刑」。

也就是說，《包青天》裡的一聲「打入大牢」，指的其實是在執行刑罰（例如斬首或是流放）前，暫時將犯人拘押起來，而不是長久關押罪犯；如此用途的監獄，自然是不會太舒服。清治時期臺灣的監獄，往往附屬在行政官署下一些陰暗的角落中，任由犯人挨餓與患病。環境之惡劣，逼得大量犯人不是死亡、就是逃亡，而管理者任意刑求、索賄的陋習更容易把人推上絕路。這讓繼清國之後接手臺灣的日本人十分頭痛：作為日本第一個領有的殖民地，必須扭轉臺灣落後的司法制度與監獄管理機制，打造「進步」的近代化新式監獄，方能

辰野金吾是日本近代建築界第一把交椅，有東京車站、奈良飯店等知名作品，山下啟次郎曾師從於他。（維基共享資源）

讓歐美列強看到日本帝國的國威！

於是這個任務便落到了山下啟次郎頭上了。

出身於明治維新中堅團體的薩摩士族，山下啟次郎身上流著西化的血。他在帝國大學工學部的老師是鼎鼎大名的建築師辰野金吾（不知道他是誰嗎？總統府就是臺灣最有名的辰野式建築）[1]，畢業後跑到司法省擔任營繕的建築師職務，同時也是設計日本近代化監獄的第一把交椅。

接下為臺灣打造全新監獄的使命後，轉眼間又是一年夏天。一八九九年八月底的晚上，在溫暖燥熱的夏夜裡，臺灣總督府大擺宴席，歡送山下啟次郎歸國。是的，山下啟次郎真的圓滿達成任務了。功成身退的他，留下的是三座現已不存、無緣得見的新式監獄：臺北監獄、臺中監獄與臺南監獄，以及他雖沒有親自參與設計，但完整繼承了他的設計理念、也是我們現在唯一可以親眼目睹的——嘉義監獄。

這幾座監獄有個再明顯不過的共同特色：它們都是「太陽光線式」的建築構造，以中央獄卒所在的看守控制區域作為圓心，向外放射式地發散、建築關押犯人的牢房，是長得像太陽光線一樣的監獄。另外，它們都採取「和洋混和」的設計，外牆設計採西式、但主體建築採用木造建築，讓身為日本人的管理員們，使用與居住起來比較習慣。

為什麼這座新建的監獄要長成如此特殊的模樣呢？事實上，山下啟次郎的設計構想並非無中生有，所謂的「太陽光線式」監獄，靈感來自於美國賓夕凡尼亞州的「賓州式監獄」；而他接到的要求也並非獨一無二，因為日本自己，也才剛走過幾乎一模一樣的道路。

從風起雲湧的幕府末期到明治初期，關於日本監獄的大改革，也不過是這幾十年的事。其中最關鍵的一位人物，或許不是山下啟次郎，而是一位實實在在受過牢獄之災的仁兄——小原重哉先生。

從嘉義舊監獄的中央室處，可以清楚看到各個放射狀走廊監獄的情形。（維基共享資源，Mk2010提供）

用禱告取代鞭子？小原重哉與近代化監獄的初相遇

時間倒轉將近三十個年頭，一八七一年，小原重哉遠赴日不落帝國烈陽照耀下的亞洲殖民地：香港與新加坡。當他踏進兩地的監獄考察時，腦海中也許曾感慨萬千地想起那些他在監獄裡當大哥的日子——啊不，那些他在監獄裡度過的慘痛歲月：被捕後，必先關進俗稱蝦門、不過三尺高的集體暗室中，肢體蜷疊氣味混沓，不見天日，損傷健康尤甚。[2]

從攘夷志士當到貴族院議員的小原重哉，坐牢的經驗相當豐富。（維基共享資源）

原來，生在幕末時期的小原重哉曾是位致力於倒幕的熱血青年，並曾因此多次被幕府逮捕。他對日本傳統監獄中惡劣的生存環境可說是瞭若指掌，也很熟悉獄卒們不明就理地體罰犯人、不把犯人當人看的糟糕態度。明治維新成功、終於出獄之後，背負著不堪回首的獄中經驗，小原重哉擔起司法官僚之職，矢志改變日本的監獄生態。再加上，早期日本之所以被迫接受歐美政府的治外法權不平等條約，其中一個緣由正是歐美各國認為日本的刑罰過於殘忍、沒有合理的監獄與羈押環境，因此拒絕讓本國國民接受日本的司法審判與服刑。如今時過境遷，為了奔向「文明開化」而打算向西方看齊、大刀闊斧進行獄政改革的明治維新政府，派小原重哉到海外考察一番是再適合不過了。

踏進了英國殖民地監獄的小原重哉，事實上也一腳踏入了一個世紀以來，西方劇烈變革的監獄轉型狂潮中——整個十八、十九世紀，歐美對犯罪的看法發生了天翻地覆的轉變，從中世紀以來旨在折磨罪人的殘酷刑罰，轉化為追求人道、迅速與確實的懲罰方式；其中極有代表性的一槍，是由英國社會學家邊沁提出的「全景場域式」監獄。所謂的全景場域式監獄，指的是設計一座高塔般的「中央塔」，囚犯的牢房則環繞在塔周圍，讓獄警人員居高臨下地管控囚犯。如此一來，便可以用最少的人力，全面管控最多的囚犯。在這種全景場域式的監獄設計思維下，海峽另一端、位於美國賓州的基督新教教徒們，某個日子裡突然有了新的點子：

過往監獄中常濫用鞭打之類的體罰，並隨意判處死刑剝奪囚犯的生命權，這樣根本不能達到讓犯罪者真心懺悔、回歸社會的目的吧！

所以，奠基在全景場域式監獄的基礎上，教徒蓋出一間新型態的監獄——被稱為「賓州式監獄」的東方州立監獄（Eastern State Penitentiary）。走進賓州式監獄中，一樣能看到一間中心管理室，向外輻散出的各條走道上則分別是一間間牢房，讓站在管理室裡的獄警人員能夠一眼就望穿各牢房內的一舉一動。走道天花板上還設一有條懸吊的走廊，管理者可以站在上頭俯視犯人的行為。

比起小原重哉曾經歷的「斗室內擠滿犯人」的傳統監獄，賓州式監獄強調的是「獨居」，不讓犯人與犯人間有聯繫的機會，主張杜絕干擾便能防止互相沾染惡習。最特別的是，賓州式牢房內會有一扇天窗，這扇窗被教徒們視為「上帝之窗」——教徒相信，犯人們在獨居的牢房中禱告與接近上帝，是通向懺悔、向善的真正道路。

後來，深受英國哲學思想影響的賓州式監獄兜兜轉轉又建回大英帝國的領土中，也被遠在日本的建築師山下啟次郎採納、應用在他所接獲的臺灣任務上，也就是今日的嘉義監獄。

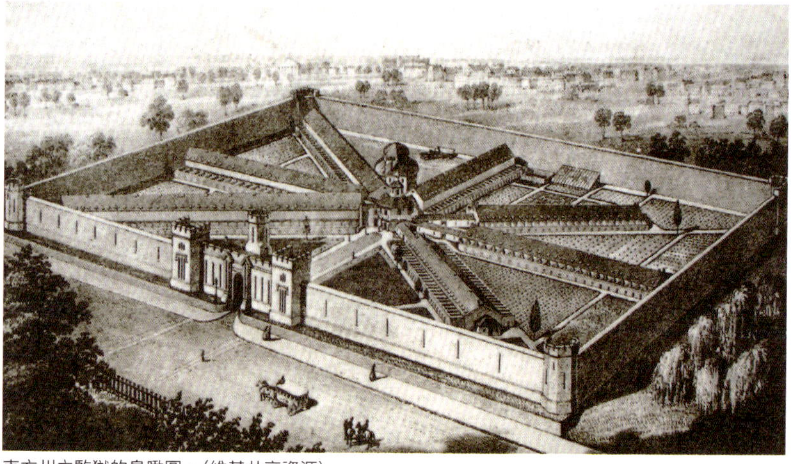

東方州立監獄的鳥瞰圖。(維基共享資源)

尾聲：夢想中的監獄竟如此短命

小原重哉在香港與新加坡見識到的，不見得就是正港的賓州式監獄；但想必也是類似於此，人道、公開透明、有效率又衛生的新型監獄，而這也深深撼動了小原重哉的心。

惡劣的監獄環境是無法讓人重拾仁愛之心、不再犯罪的——從那趟海外考察回來的隔年冬日，小原重哉制定了在日本監獄史上具有劃時代意義的《監獄則》。在這套《監獄則》中，小原重哉傾注了他的熱情與夢想，一字一句勾勒出他的「監獄烏托邦」：十字型牢房要夠大、夠寬敞，要有足夠的陽光照進獄中並讓空氣流通，還要有藏書豐富的圖書館以陶冶犯人心智、種植花卉草藥滋養犯人心靈……

諷刺的是，如此完美的監獄，他自己是看不到了。《監獄則》頒布不到一年，日本政府就以「這樣蓋監獄也太貴了吧」、經費不足為由撤廢此法，小原重哉的理想，又過了許多年才真正實現。無論如何，近代化監獄的目的之一是為了讓犯罪者能更快回歸社會；賓州式監獄在當時看似是完美的解決方案，但實際上賓州式監獄的單獨牢房制度也有很多問題。一個，是很佔空間，另一個則更嚴重：人們發現，獨居會提高犯人罹患心理疾病的風險，久而久之變得更難融入社會，這也是賓州式監獄後來被放棄的主因。

不同時代、不同監獄，反映的是人們看待犯罪與罪犯的觀點轉變。當年邊沁對他的「全景場域式」監獄非常自負，認為在管理者眼前的「雖然是被禁錮的囚犯，但卻千變萬化，簡直是讓人樂此不疲的遊樂場」[3]——如今，走進嘉義監獄這座全臺唯一完整保存下來的賓州式監獄中，我們又會如何想像那個時代的罪與罰呢？

---

1 臺灣總督府（也就是現在的總統府）雖為長野宇平治設計、森山松之助所建，但風格受辰野金吾影響很深，如壁體採用紅白相間的飾帶等，為典型的辰野式建築。

2 此處翻譯採前田愛著、張文薰譯的《花街・廢園・烏托邦：都市空間中的日本文學》版本，頁二二四。

3 同上，頁二一九。

延伸閱讀

▶ 專書

- 黃蘭翔，《臺灣建築史之研究：他者與臺灣》，空間母語文化藝術基金會（2018）
- 前田愛著，張文薰譯，《花街・廢園・烏托邦：都市空間中的日本文學》，臺灣商務（2019）

▶ 故事 StoryStudio

- 涂豐恩，〈「感謝神明，使我生做臺灣人。」一場震撼人心的法庭審判，揭開臺灣人尋找島嶼前途的序幕〉（2021）
- 王旻琇、盧貞言、羅士翔，〈到底是「合法」拷問或非法逼供？來看清治至日治時期的臺灣法律史變化〉（2025）

阿妹茶樓

(25° 06'30"N × 121° 50’36”E)

圖為阿妹茶樓。(Unsplash，Ricky LK 提供)

BUSAN 釜山

JIUFEN 九份

九份老街，是外國觀光客來臺旅遊必訪的景點之一。夜晚降臨後沿街點滿的紅燈籠，古老木構房子中透出暖黃的光線，神秘的氛圍也讓此處多年來被誤傳為宮崎駿《神隱少女》的取景地。

九份也確實曾出現在電影中，侯孝賢的《悲情城市》裡有這樣一幕：吳念真等人飾演的知識分子，在酒樓上激昂地談論時局，電影鏡頭倏忽轉移到戶外，一張「朝鮮樓」的霓虹招牌隨即出現在靜止的畫面中不停閃爍，電影的視線就這樣靜靜凝視著九份街道。看似平靜的畫面其實充滿歷史張力，酒樓上的臺灣知識分子談論著光復後的景象，窗外街道上響起的是中日抗戰歌曲〈松花江上〉，而靜靜佇立的朝鮮樓，更隱藏著一段殖民下的性勞動史。短短的電影片段，巧妙濃縮了臺灣史的複雜與矛盾。

侯孝賢對電影場景的設置並非空穴來風，朝鮮樓真的存在於臺灣歷史中。朝鮮樓提供娛樂的功能和其他酒家別無二致，不過這裡提供性服務的是來自朝鮮的女性。然而是什麼原因迫使這些朝鮮女性來到遙遠的臺灣勞動？為什麼臺灣史上鮮少留下這些朝鮮人的身影？二戰結束後，這些異鄉人的命運又將如何變化？

阿妹茶樓

被賣到臺灣的朝鮮娼妓之歌：曾遍佈全臺的「朝鮮樓」，關著無數異國少女的青春

作者／姜冠霖

在臺灣影史鉅作、由侯孝賢所執導的《悲情城市》一片中，有個鏡頭僅持續短短幾秒，卻令人印象深刻：向晚的九份巷弄間，坡道兩旁的酒家招牌紛紛亮起，點亮了入夜後熱鬧非凡的小鎮。觀眾的視線除了停留在主角們聚會議事的「黃金酒家」上頭之外，更會不自覺地被它對面那不斷閃爍、同樣十分引人注目的三個大字招牌給吸引：

朝鮮樓。

這幢在電影中被掛牌打扮成朝鮮樓的建築，正是今日九份鼎鼎大名的觀光勝地：阿妹茶樓。而這樣的佈置並非巧合，侯導在電影開拍之前，可是研讀臺灣歷史長達半年之久，即便

是短短數秒的鏡頭都有所考據，這不禁讓我們好奇——朝鮮樓，究竟是什麼樣的所在？是住在臺灣的韓國人開的嗎？侯導又為何特意讓它出現在九份街頭呢？

想解答這些謎團，我們得回到大日本帝國瓦解以前的時空，回到那個曾同時掛著太陽旗的朝鮮半島與臺灣。儘管很難想像，但現在的南北韓與臺灣確實曾在名義上是同一個國家，而朝鮮樓的存在便與一批現已被遺忘的女子有關，她們在百年前橫越千里之遙，從朝鮮來到「國內」臺灣討生計……

在臺灣從事風俗業的朝鮮人們

故事或許該從這裡開始講起：一八九〇年代初期，日本內地將公娼制度引進臺灣，臺灣四處設立起俗稱「遊廓」的紅燈區。其盛況之空前，甚至有日本人在一九三〇年出版了《全國遊廓案內》一書，裡頭介紹了包括臺灣、朝鮮在內，日本全境的遊廓。在書中，臺灣最有名的遊廓是連日本內地人都會特地來「朝聖」的艋舺遊廓，次之是臺南新町遊廓、高雄榮町遊廓等，而朝鮮樓，正是位於這些遊廓中一道特別亮眼的風景。

放眼日治五十年，全臺各處的遊廓幾乎都能看到由朝鮮人營運設立，以「北方異地風情」的朝鮮娼妓為主打的「朝鮮樓」。而著名遊廓多分布在臺北地區，其中絕大部分朝鮮樓又集中於北部的艋舺、北投和九份等地。比如《悲情城市》中的阿妹茶樓過去並非真的朝鮮樓所在地，但九份確實曾有朝鮮樓的存在——真正的朝鮮樓座落於現在的輕便路一一九號，是當時白天趕淘金熱的礦工們下班後，到九份鎮上尋歡最著名的酒家沒有之一。

根據阿妹茶樓店老闆許立育的父親描述，我們可以在想像中重建這棟朝鮮樓的景色：

> 不同於大部分臺灣人經營的酒家，這家的小姐們不僅其穿著跟臺灣人不一樣，語言也不通。她們不會講中文、也不會講臺語，似乎僅能講一點點日語。不過中年老闆娘就講著很流利的日語。……我們很少看到這些朝鮮小姐們，因為她們幾乎不出門。難得看到她們有外出，一定三、四個人聚在一起走路。因為她們來自異國，所以會引人注目。[1]

日治時期基隆田寮港遊廓的兩層式木屋間，位置在今天的田寮河南側。有趣的是，當時的風化區被稱為「綠燈區」，因為日本政府規定風化場所的門頂必須裝設綠燈來識別。（國家文化記憶庫）

這麼看來，就連當地人也少有機會與這批朝鮮小姐互動，她們似乎連出現在街道上的機會都很少。而事實上，這並不奇怪。所謂「公娼制度」，顧名思義便是受國家公權力管控的性交易，而俗稱「遊女」的娼妓也被規定只能在遊廓範圍內稱為「貸座敷」的妓院進行買賣。她們的生活被限制在遊廓之中，大多時間幾乎足不出戶，就連出門在遊廓內散個步都必須向警察登記。這也就難怪這些遠從北方異地而來，語言風俗與臺灣不通、長相穿著又十分特別的在臺朝鮮人會如此神秘，甚至長期以來，人們時常忽略她們曾與當時的臺灣社會共存。[2]

那麼，問題來了：這些朝鮮女子，究竟為什麼要千里迢迢跑來臺灣從事風俗業？

誰賣她們，又是誰消費她們？

最主要的原因，當然還是經濟。

從一九二〇年代起，朝鮮娼妓的身影開始出現在臺灣。其近因是帝國朝鮮境內

高雄遊廓松葉樓的花名錄。日本時代全臺妓女出身地多種多樣，從臺灣人、朝鮮人到日本內地人無所不包。(臺灣大學臺灣舊照片資料庫授權提供)

的經濟在一戰後不斷惡化，貧窮家庭只得賣女為娼，這些女子再被朝鮮業者遠賣。而遠因，則是日本政府於一戰結束後仍有對俄出兵的需求，導致日本內地米荒、大米價格飆升，日本於是強化臺灣與朝鮮兩地的農業生產、要求兩地的生產供給內地，這導致朝鮮經濟更加一蹶不振，買賣女性人口的問題加速惡化。無論如何，臺灣，都是朝鮮婦女被販賣的海外目的地之一。

直到一九二〇年代末期，整個大日本帝國全境（包括滿洲、中國東北等附屬佔領地）幾乎都能見到從事各類色情行業的朝鮮婦女。而根據朝鮮境內的報導，買賣這些女子、將她們引進異地的主力，通常都是朝鮮人業者，也就是自己人，比如最早在臺灣經營朝鮮樓的李榮祥與李濟萬。比對當時朝鮮與臺灣的報紙也能發現，每年被大量拐騙到海外的朝鮮婦女多是被當地的人口販運組織以「利誘」、「求職」等方法，販賣給海外的貸座敷業者，或賣到後來戰後的「慰安所」內。可以確定的是，雖然也有在臺朝鮮娼妓於日本業者經營的妓樓工作，但這些人直至戰爭結束都是極少數，朝鮮人業者才是朝鮮婦女買賣的大宗。

買賣朝鮮婦女的人是朝鮮人，那在朝鮮樓裡消費的人又是誰呢？

一九二一年《臺灣日日新報》一篇關於朝鮮樓在臺開業的報導指出，在臺朝鮮娼妓「服飾概從事鮮裝」、「應接均操國語（日語）」，顯見當時的在臺朝鮮業者營業初衷應是主打「異地風情」。不過，在距離一九一〇年日韓合併僅過了十一年的當下，朝鮮婦女的日語通行率還不到 0.2 %；所以與其說朝鮮娼妓真的能說日語，不如說報導暗示了業者希望接近的消費客群是在臺日本人。

事實上，當時在臺灣的朝鮮男性人數僅有數百，即便全體前往各地朝鮮樓消費也不可能滿足全臺數十間朝鮮樓的營業需求，更何況這些多從事勞動職的朝鮮男性也不見得真能負擔酒樓的消費。日本人作為遊廓的主要消費客群，部分前往消費較日本店家低廉且具異地風情的朝鮮樓，就合情合理多了。

那麼臺灣人常去朝鮮樓嗎？一九二一年，著名的文人與記者黃旺成曾在前往名為「鮮花樓」的朝鮮樓消費後，於當天的日記中如此紀錄：「鮮女十余人，皆牛頭馬面獰惡可憎，不得共撰（選）兩人。」

雖然黃旺成實屬毒舌，但可見朝鮮娼妓與本島人除了語言不通外，外表可能也較不符合臺灣人審美觀。此外，臺灣當時尚有大量私自賣淫的臺灣女性私娼存在，除了因為本島女性不願成為被政府管理的公娼外，願意經營合法貸座敷去與私娼氾濫的市場競爭盈利的臺灣人也少之又少。遊廓，因而意外成了「合法與非法性交易」、「內地人與本島人」場域的區隔所在，日本內地人更願意前往受政府管理的遊廓消費，而本島人娼妓則不願接受公權力強制的每週體檢，好似被政府標籤為妓，同時，本島客人即使知道疾病風險較高，依然更傾向與語言共通、同民族的私娼交易。因此，雖也有像黃旺成這種社經地位較高的本島人到遊廓消費，但朝鮮樓的客源主要仍以日本人為主、臺灣人為輔，至於朝鮮男人則幾可忽略不計。

戰爭來襲，成為慰安婦

到了大東亞戰爭開打之後，又加入了其他變數。

大日本帝國軍方開始以「愛國婦女」為名徵召各地的「日本人」女性到前線從事「慰安工作」，此處的「日本人」，當然也包括了當時的「臺灣人」與「朝鮮人」。[3]

剛開始日本只從內地徵召慰安婦，她們通常是原本就在內地從事風俗業的女子，被稱為「唐行小姐」。直到後期因慰安婦人數不足，才開始徵召臺灣與朝鮮娼妓、甚至是一般平民。從韓國已經出版的慰安婦證言集《強制》以及臺灣婦援會一九九二年出版的臺籍慰安婦訪談來看，她們多是遭同村的人誘騙或被海外風俗業業者的金錢利誘，而被販賣到海外。在臺朝鮮娼妓的數量也一路從一九二〇年代與臺灣本島娼妓相當，在二十年內成長到了臺灣娼妓的十倍以上。

確實有許多朝鮮娼妓在來到臺灣後，又在戰爭爆發時跟著其雇主轉型經營海外慰安所，到中國戰區、南洋戰區成為「從軍慰安婦」。但從當時臺灣各地朝鮮樓的戶口調查簿來看，朝鮮娼妓在與雇主的契約終了後，選擇回到朝鮮並不在少數。如一九二六年李榮祥的朝鮮樓內雇用的四十三名朝鮮娼妓，有十五名以「回本籍」為由回到朝鮮、二十七名「轉寄留」登記到了其他的戶口之下，僅有一名在戰後國民黨來臺後依舊居於該地。

我們可以這麼理解：戰爭爆發之時，人口買賣狀況從未改善，而這個問題才是招募從軍慰安婦的來源。說來諷刺，但不論從臺灣或朝鮮的報紙、又或者戰後臺韓慰安婦本身的證言來看，以有「好工作」、「可以去內地賺錢」等謊言實際拐騙當地婦女的，大多都是在地人。當然，這些業者極有可能只是人口販運組織內最底層的人員，那麼實際委託招募慰安婦的上層日本軍方有無授意他們使用騙術？又或者是業者為盈利而擅行拐騙？這點直到目前為止都尚無定論。

尾聲：被遺忘的異鄉人

最終，與臺灣人的語言隔閡體現了朝鮮娼妓和臺灣社會的陌生，多數在臺朝鮮女性因為貧窮而來到臺灣，最後又因戰爭慰安或契約終了返回朝鮮。

這些始終與臺灣隔了一層薄膜的在臺朝鮮人，後來的日子怎麼樣了？

身も心も捧ぐ大和撫子のサーヴイス
聖戰大捷の勇士大歡迎

日本戰敗後，國民黨接手臺灣，著手將日本內地人與朝鮮人分別遣送回日本與朝鮮半島。然而，由於戰後申請回朝的韓僑人數實在太多，在當時國民黨政府優先遣送官兵的狀況下，在臺韓僑因坐不上船無法回國的悲劇時有所聞。另外，也有因從事水產業的部分朝鮮人被國民黨強迫留下來繼續輔佐產業，許多無法返回朝鮮的人們甚至在後來的二二八事件中受害身亡。

面臨無法返回祖國朝鮮加上戰後臺灣環境的劇變，在臺朝鮮人受時空扭轉的痛苦，並不下於戰後臺灣人與外省人之間的衝突。甚至，就像日本內地的灣生一樣，因為在臺灣生活、成長而在返國後適應不良的朝鮮人也不在少數，再加上朝鮮戰後的經濟狀況又比日本更加悲慘，這些朝鮮人即便返回心心念念的祖國，也不見得能夠維持生計。

在臺灣的朝鮮人，在歷史洪流下儼然成了殖民邊緣一群最不受關注的族群。隨著朝鮮樓一間又一間地被拆光，如今走在九份街頭，當我們再一次從阿妹茶樓上眺望，是否能夠想像——

百年之前，有一群異國女子遠從海的那端渡洋而來，她們被拋擲到可能連名字都不曾聽聞的小島上，從此再也無法掌握命運的方向。

上｜緬甸戰場上，被美軍俘獲的朝鮮慰安婦正在接受美軍的問詢。（維基共享資源）

下｜二戰期間的朝鮮慰安所，門口寫的是「歡迎聖戰勝利的勇士／將身心都獻給你的大和撫子的服務」。（維基共享資源，《映像が語る「日韓併合」史》書中照片）

1 轉引自陳姃湲〈在殖民地臺灣社會夾縫中的朝鮮人娼妓業〉，原出處為金奈英拜訪許立育父親的訪談。參見金奈英，〈日本統治下に移動した在台湾朝鮮人の研究〉，《現代中国事情》十四號（二〇〇七年七月），頁四十七至六十五。

2 以臺灣總督府一九三〇年的國勢調查結果為例，當時在臺的朝鮮男性有四百四十一名、女性四百六十名。其中男性多從事勞動職、女性多從事「醜業（風俗業）」，女性部分若僅娼妓與女給就已超過六成。而在臺朝鮮女性又以能提供性服務的「娼妓」為職者比例最高，日治時期臺灣的非本島人人口中「唯獨朝鮮人是女性多於男性」，甚至一度達到男性的兩倍之多，戰末在臺朝鮮人人口則約莫為兩千八百人左右。在公娼制度的分類中，不論藝妓、酌婦、女給、娼妓都算是醜業的範圍，唯一的差別是其中僅有娼妓能夠提供性服務，並且被國家強制要求每週到專設的婦人病院進行婦科檢查。

3 根據日本軍方的說法，要女性參與慰安工作的主要目的是要確保「前線軍人的身心狀態不會因為隨時可能戰死、要殺人而崩潰，還要預防日軍對敵國婦女暴行導致國際輿論，與性病等的控制來確保軍人的戰鬥能力」。

延伸閱讀

▶ 專書

- 朴裕河，《帝國的慰安婦：殖民統治與記憶政治》，玉山社（2017）

▶ 故事 StoryStudio

- 姚惠耀，〈茶室、娼寮、北投溫柔鄉：臺灣性產業百年來，何止風花雪月〉（2021）
- 台灣服飾誌，〈想賣藝不賣身還得先考試：臺灣藝妲的養成之路 〉（ 2023）

新竹動物園

(24° 48'00"N × 120° 58′47″E)

圖為新竹動物園的舊大門一隅。（維基共享資源，WU, TIEN-HSI 提供）

HAMBURG 漢堡

HSINCHU 新竹

昂揚鼻子的大象，以及其上威風的獅身雕像鑲嵌在動物園門口，還沒進入園內，彷彿已經能聽見生氣蓬勃的動物吼聲，或歡快的兒童笑聲。

這裡是新竹動物園的舊大門，從日治時期起，這座動物園就陪伴著新竹人的休閒時光，也見證這座城市的變遷。這座大門的經歷可以說是曲折坎坷：它建造於一九三六年，不過風光不到十年，就迎來二戰，這座「兒童遊園地」也未能逃過被轟炸的命運，唯有這座大門以及園內部分設施逃過一劫。倖免於難的大門在戰後繼續為動物園入口所用，不過經歷一次次修復和重新上色，它的顏色早已和最初不同，外觀也增建其他設施。

二〇一七年，新竹市政府啟動動物園再生計畫，這座復古又典雅的大門才得以被修復，並且褪去層層顏料，再次以亮麗的藍綠色呈現在世人面前。事實上，這座大門的設計大有來頭，當初設計參考的可是德國的動物園。不過德國的動物園有何厲害之處，使當時的日本建築師選擇將其在臺灣重現？而二十世紀初的人們是如何思考動物與人的關係，並且呈現在動物園的設計上？

新竹動物園

籠子與柵欄消失之後：一位販賣動物的德國商人，點燃撼動世界的動物園革命

作者／賀律銘

二〇一七年因大幅整修而封園，到了二〇一九年終於整建完畢的新竹市立動物園，其實是臺灣現址最古老的動物園，在將近九十年前落成，遺留了不少日本時代的痕跡。[1] 比如走進動物園裡逛一圈，可能會有遊人狐疑不已：怎麼一個園區有兩座大門，而且比較小、比較舊的入口前還擠滿了猛按快門的人群？

動物園舊大門上，鑄鐵製作的雄偉大象及獅子雕塑兩兩對視，鑲嵌在富麗、浪漫又典雅的牆柱上，充滿和洋兼容並蓄的美感。這入口蓋得不大，但來頭可一點也不小——正是一九三六年由日本建築師森田重所設計、完整保存至今的大門，現在已被列為歷史建築。二

上｜今日新竹動物園舊大門。（顏詩庭／攝影）

下｜日本時代的新竹公園附設動物園，知名的「大象門」就是從那時留存至今。（維基共享資源，《新竹州要覽》中圖片）

○一七年的「新竹市立動物園 Reborn」計畫，其中一項重點工作就是修復這日治時期留下來的。大門上的雕塑在許多專家的巧手下，褪去了高達十三層的顏料層，終於確認最初使用的是藍綠色，並以此為參照復原了這極富歷史意義的建築。

當年，新竹市立動物園的「大象門」並非憑空出現，而是建築師參考德國漢堡的哈根貝克動物園（Tierpark Hagenbeck）所建造的，類似的大門也可在比新竹市立動物園早三年落成的福岡市立動物園看到。二十世紀初，哈根貝克動物園是世界上名聲最響亮的動物園，日本建築師特地把在德國觀摩動物園的經驗帶回亞洲，並將當時最新潮的展示方式實現在新竹市立動物園內，成了臺灣透過日本間接與德國文化相遇的證明。

但……哈根貝克動物園究竟是特殊在哪裡，為什麼日本設計師會想遠渡重洋將德國的動物園模式帶回臺灣，它又為何是彼時全世界動物園產業的領頭羊呢？

一個從六隻海豹開始的傳奇

一八四八年的漢堡，一艘易北河下游的漁船上傳來一陣騷動：「魚網卡了六隻海豹！」回港後，拖著魚網的漁工向老哈根貝克報告此事。儘管港口城市裡漁船進進出出，但捕到海豹可不是件常有的事。看著這幾隻海豹，老哈根貝克沈思片刻，叫人弄來兩個大木盆，稍晚，即在斯皮爾布登廣場（Spielbudenplatz）展示這幾隻海豹，參觀費每人酌收一分錢。

原本老哈根貝克只不過想試試水溫，誰也沒想到，人們居然真的擠破了頭、爭相搶著看這區區幾隻海豹，受歡迎的程度遠超過老哈根貝克的想像。這家人於是嗅到商機，風塵僕僕地跑到當時普魯士的首都柏林故技重施，在柏林政治動盪的革命中，靠著幾隻海豹又撈了好一筆錢。[2]

當時，年僅四歲的哈根貝克還懵懵懂懂，尚不曉得在賺得這筆意外之財的同時，他也從此結下與野生動物的不解之緣。

有了這次海豹的經驗，哈根貝克家族深刻體會到「異國」的動物是多大的商機，他們決定從魚販正式跨足野生動物貿易。在家族的努力之下，不到二十年，哈根貝克家已成為世界上最大的野生動物

卡爾・哈根貝克（Carl Hagenbeck）像，他從小與動物為伍，長大後還真的幹出一番與動物有關的大事業。（美國國會圖書館館藏）

供應商，雇用專業的獵人與各地原住民為歐美各國的動物園、馬戲團提供動物。在德國尚未加入殖民地角逐的那個時代，能打造這樣的國際貿易網絡堪稱奇蹟。

一八七四年，長大後的哈根貝克利用自家後頭的空地與馬廄開了家族的第一間動物園，展示了蒙古野馬、侏儒河馬與海牛等珍奇異獸，吸引無數漢堡市民蜂擁而至。

但時間久了，哈根貝克開始感到不滿足：動物收藏稀有是稀有，但總覺得這動物園少了個味兒。問題出在哪呢？

他在自傳中寫道：「我渴望給動物更多空間，我真的不想用籠子讓牠們擠在一起，我想讓牠們漫步在廣袤的空間中。」

對哈根貝克來說，看著在侷促空間裡踱步的動物，那跟看博物館裡的標本可真沒什麼不同。「我要透過最佳的角度呈現自然中的自由動物！」他幻想著有一天，一定要用最自然的方式來打造動物園，讓動物可以漫步在戶外的自然環境中（最好還要是與牠們原產地類似的環境）；可惜的是，以他手邊這座動物園的條件，離達成夢想還有很長一段路。

於是，滿懷期待的哈根貝克開始著手尋找理想動物園的新地點，最後看中了有些山坡、有些窪地，一片位於漢堡近郊斯特林肯（Stellingen）的馬鈴薯田。

接著，哈根貝克僱用了來自蘇黎世的雕塑師艾根斯威爾（Urs Eggenschwyler）來設計他的新動物園。艾根斯威爾曾在他自己位於蘇黎世的私人小動物園中，初步嘗試透過壕溝來取代圈住獅子的圍籬——這種方式深得哈根貝克的心，以「壕溝」取代「圍籬」，如此一來，園中的動物當然看起來自由無比。而被大動物商找上的艾根斯威爾自然也很開心，他趕緊動員一票工班來到漢堡，想讓自己的構想與技術大放異彩。

一到漢堡，尷尬的問題來了：壕溝、假山固然潛力無窮，不過……具體來說壕溝要挖多寬、多深？假山又要造多高、多陡呢？這種數據翻書找不到，問動物學家也一問三不知。但身為全球第一的資深野生動物販，哈根貝克可是早在前幾年就已經發展出一套測試動物體能的方法：先讓動物餓兩天，再把食物拿出來，不就可以

一九〇九年，哈根貝克動物園的宣傳明信片。（維基共享資源）

輕易測出動物能跳多高、跳多遠嗎？當這些數據提供給了設計團隊，艾根斯威爾笑了，工班也笑了，他們馬上就知道壕溝要怎麼挖、假山該怎麼糊，動物園的設計也得以如火如荼地進行下去。就在一九〇七年五月七日，哈根貝克的第二間動物園開幕，又是一次無與倫比的成功與轟動。

鐵籠與欄杆消失了……哈根貝克的動物園革命

開幕當天是星期二，群眾的喧鬧聲劃破了斯特林肯的寧靜，剛開通就擠滿了人的輕軌列車也讓小鎮逐漸燥動了起來。

遊客與記者爭先恐後地湧到大門口，入口處栩栩如生的雕塑，是一位年輕有才、熱愛動物的雕塑師約瑟夫・帕倫伯格（Joseph Pallenberg）創作的。大門兩側柱上各有一隻亞洲象輕巧地拎起吊燈，柱子頂端一側是兩隻北極熊，另一側是兩隻獅子，寒帶與熱帶一網打盡，潛臺詞就是告訴遊客「一張門票可以讓你走遍全世界哦！」而兩種動物也代表了這間新動物園兩個重要的賣點——「極地全景」與「非洲全景」。

興奮的遊客從大門口走進景色怡人的園區，順著指標、穿過兩旁枝葉扶疏的林蔭步道

哈根貝克動物園的「正版」大象門，也就是森田重設計的靈感來源。(維基共享資源，An-d 提供)

來到動物園的廣場。煙囪騰著蒸汽，一旁的餐廳傳出陣陣香氣，廣場上規矩排列的樹木下被整齊地放上了長椅。遊客站在廣場中央，向左望去是「極地全景」，是蓋上雪白頭紗的壯麗冰山；向右望去是「非洲全景」，波光粼粼的大水池後頭是點綴著樹木的廣袤草原，一路緩升至聳峭的奇岩背景作結，任誰都會被這壯闊的聲勢給震懾。

在極地全景，遊客倚著及腰的欄杆，讚嘆一層層向上抬升的冰河谷。最靠近觀眾的是海豹及海象，有些在水中嬉戲，有些在岩石上懶洋洋地曬太陽。視線再往上，冰河在山壁上鑿出巨大的裂痕，如汽車大小的冰山碎塊從山谷中崩落，一群北極熊在這些岩塊及冰山構成的複雜世界中穿梭著。望向展場造景的最頂端，那裡有幾隻馴鹿站在山壁最高處，偶爾探出頭向山壁下俯瞰。

在這裡，遊客真的看不到籠子，熟稔阿爾卑斯山的艾根斯威爾再現了渾然天成的岩景，裡面則藏著哈根貝克精算過後的屏障，利用各種人工造景巧妙地把不同動物給隔開——海豹爬不上北極熊所在的平面，北極熊也越不過隔開牠們的假冰塊，馴鹿更無法從陡峭的山壁上一躍而下。

而到了非洲全景，四個獨立的展場被巧妙地融合成一大片壯觀的風景，各種非洲草原動物閒適地漫步著。每個展場微微向上傾斜，擋住了展場間的步道，遊客看到的就是一片坐擁水池、草原、山谷與高山的開闊風景。

第一層是棲息著紅鶴與其他水鳥的大水池；第二層是斑馬與鴕鳥奔跑的草原，一旁的樹下還有幾隻巨大的羚羊在反芻著；第三層是深受觀眾愛戴的獅子山谷；最後一層則是高聳的假山，好幾種山羊在充滿岩石的陡峭山壁上靈巧跳躍。沒了鐵籠，觀眾得以首次凝視不被圍欄遮擋的「完整」獅子，是震驚、是感動，教人久久不能自拔。

「極地全景」與「非洲全景」獲得了空前絕後的成功，如明信片般如詩如畫的風景營造了強烈的視覺效果，在極富野性的展場中，捕食者與被捕食者共處在同一個視角裡，這種畫面也滿足了人們對於自然和諧的嚮往與期待——換句話說，哈根貝克動物園提供了一幅幅歌

上｜哈根貝克動物園的極地全景明信片。（維基共享資源）
下｜非洲全景中人氣最高的獅子山谷。（維基共享資源）

頌著伊甸園的風景畫。

「透過最佳角度呈現自然中的自由動物」，哈根貝克的夢想，終於在這優美的畫面中被真實呈現了。

一九一三年左右的非洲全景明信片。（Zeno.org 網站）

地理區遇上分類學，誰點燃了論戰的導火線？

從「不想把動物關在籠子裡」這個想法開始，哈根貝克這場革命性的改變中，為動物園設立了無數新標準，也讓世人對動物園開始有了完全不同的期待。動物園生物學之父海尼・赫迪格（Heini Hediger）就認為，這座動物園帶來的並不單純是硬體上的改變，而是人們「觀看動物」方式的轉變。

以前大家造訪動物園只是單純地為了滿足好奇心，而這種好奇心其實真的與去博物館裡看標本沒什麼差別，動物園提供的，充其量也只是活著的標本。但在哈根貝克動物園，觀眾的「體驗」被考慮到了，人們沈浸在看似異國的環境中，透過最佳角度欣賞自然中的自由動物。如此一來，觀賞動物時，展場變身成一座座舞臺，訴說著這些動物的原產地，而擔任演員、大使的動物，所有的行為都是在演繹「文明」對於「自然」的憧憬——這座動物園，可說是徹底地翻攪、改變了世人對觀看動物的期待。

不過，就算遊客反應熱烈，記者也紛紛給予高度評價，但質疑哈根貝克的聲音，可是一天也沒少過。

擁有「極地全景」、「非洲全景」的哈根貝克動物園，成了世界上第一座以「地理區」作為展示主題的動物園。在此之前，動物園的展示被系統化地組織起來，並依照「分類學」將同類的動物安排在同一棟富麗堂皇的建築內，例如常見的「猴館」、「貓科館」，或是新潮的「水族館」。而對哈根貝克來說，分類學僅是人類為了科學研究給自然下的定義，他的動物園打破這項規則，從遊客體驗的角度出發，構建自然化的動物展示。

如此標新立異，肯定也會有人看不慣。時任柏林動物園園長的路德維希・赫克（Ludwig Heck）就對哈根貝克的新風格恨之入骨：「用地理分區？還將不同動物還混養在一起！？這根本是玷污了動物園的科學成就！」、「沒事花一堆錢做造景，這些造景根本只是給遊客看爽的！」這類抱怨在當時研究動物園的學者間層出不窮，哈根貝克甚至受到全德國動物園園長的公開反對。當這股風潮吹向美國的動物園時，布朗克斯動物園的園長威廉・霍納迪（William Temple Hornaday）也鄙夷地表示：這些膚淺的動物園總在學哈根貝克，不但燒錢，還讓觀眾離動物好遠。

尾聲：他決定了我們走進動物園後，看見的世界

罵歸罵，但畢竟哈根貝克動物園的參觀效果就是好得不得了，風潮逐漸席捲各國。各家動物園挖起了壕溝，倫敦、巴黎和布達佩斯的動物園也都先後建起了雄偉的假山。數年後，

遠在9,101公里之外的新竹市立動物園也參考了哈根貝克的設計方式，順便連大門都致敬了一下。今天，不只是大門，我們也可以在新竹市立動物園的馬來熊、孟加拉虎及紅毛猩猩展區，看到臺灣已知最早的哈根貝克風格設計：前有壕溝，後有陡壁，遊客不用隔著籠子，只要倚著欄杆就可以欣賞動物。儘管造型不若德國原版精美，但新竹市立動物園的創新及展示效果已遠超過同期圓山動物園的傳統籠舍。直至戰後，圓山動物園的亞洲象「林旺」前方仍橫著兩層圍籬，分別隔開大象與遊客；而新竹的大象「綾子」，則只有在遊客這側有欄杆，中間是以壕溝取代圍籬，觀賞效果自然更好。[3] 到了二〇一九年，剛整修完的新竹市立動物園也仍是以「藏起圍籬」作為主要的宣傳號召，過了這麼多年，我們又再一次強化了新竹市立動物園與哈根貝克的聯繫。

今日，世界上幾乎每座動物園都受到哈根貝克的影響。從圓山遷往木柵的臺北市立動物園也貫徹了這些手法，戶外展示場多以壕溝、水池作為屏障，以假山作為背景，目的都是精巧地將圍籬給隱藏起來。在熱帶雨林區，設計者將展場後面的山景借了進來，使展場畫面無限綿延到山的另一頭，這種手法不就是哈根貝克的「非洲全景」嗎？在長臂猿展場，樹上是擺盪的長臂猿，林蔭中是探頭探腦的山羌，池裡則是划水的斑龜，這種分層的邏輯不也是源自於哈根貝克的「極地全景」嗎？

哈根貝克帶來的改變，無疑是動物園歷史上最大的一次躍進，徹底翻轉了人們對動物園的認識。當然，哈根貝克的作法並不完美，出發點也是為了人類的觀賞效果而非動物福利，不過他想法的實踐仍直接推動了動物園邁向現代化的進程。「我要透過最佳角度呈現自然中的自由動物」，這句哈根貝克的呢喃，也穿越了時間與空間，不只成為許多動物園從業者的指引，更形塑了一世紀以來，人們對於動物園的印象與期待。

---

1 臺灣現存最古老的動物園其實是木柵的臺北市立動物園，在一九一〇年代開幕；但由於臺北市立動物園曾從圓山搬遷至木柵，因此「現址」最古老的動物園則是新竹市立動物園。一九三六年，新竹公園裡的兒童遊園地落成，當時新竹市立動物園是附屬於兒童遊園地內。直到一九六一年另立新竹市兒童樂園，動物園才獨立出來，而後於一九八二年新竹市升格時改名為「新竹市立動物園」。

2 一八四八到一八四九年，歐洲多地爆發了反對保守勢力、要求改革的革命，其中普魯士人民也聚集在柏林，向國王要求議會選舉、憲法和新聞自由等。

3 儘管以壕溝取代圍籬的觀賞效果良好，但後來綾子卻在遊客的餵食與逗弄下不慎摔下壕溝、最後傷重不治，和新竹市立動物園僅有短短幾年緣分。如今動物園內設有講述這段故事的「故事屋」，重新向大眾介紹綾子的一生。

延伸閱讀

▶ 故事 StoryStudio

- 鄭麗榕，〈除了林旺和馬蘭，你還認識那些動物園明星？從日治到戰後，那些風靡臺灣的動物們〉（2020）
- 鄭麗榕，〈「我皇軍在戰場上，人與人、人與動物、甚至動物與動物之間，都結成了強烈的愛之絆。」──戰爭時期的動物宣傳〉（2020）
- 蔡亦寧，〈從為人類服務到動物的「快樂天堂」：辦納涼會、馬戲表演、也曾被軍方徵用，看動物園的百年變遷〉（2024）

PART III

戰爭、崩解與流亡

對許多國家來說，一九四五年也許是「終戰」時刻、是「戰後」的起點，但對東亞國家而言，戰爭其實從未遠離。一九三〇與四〇年代，是連續戰爭的年代，從二次世界大戰、國共內戰，到韓戰、越戰，戰火彷彿未曾停歇。

臺灣當然無法自外於這一連串的動盪。先是遭受盟軍轟炸，殖民統治瓦解；接著面對國民黨撤退來臺，帶來大批軍民；而後又被捲入美蘇對抗的冷戰格局中。這是臺灣的曲折命運，但也折射出整個亞洲在二十世紀中葉的地緣政治與國際秩序變化。

也是在這樣的背景下，臺灣成為不同人群與勢力過渡的空間、相遇的場所。正如第三部分的五篇文章所呈現的，這裡曾容納過日本戰俘、沖繩移民、印度獨立運動者、東南亞游擊隊與流亡的俄羅斯人。他們或自願、或被迫地來到了這座島嶼，帶來了世界的傷痕與記憶。他們的故事是臺灣的歷史，卻也是全球戰爭、流亡地理與戰後跨國政治的縮影。

金瓜石

(25° 06'37"N × 121° 51'25"E)

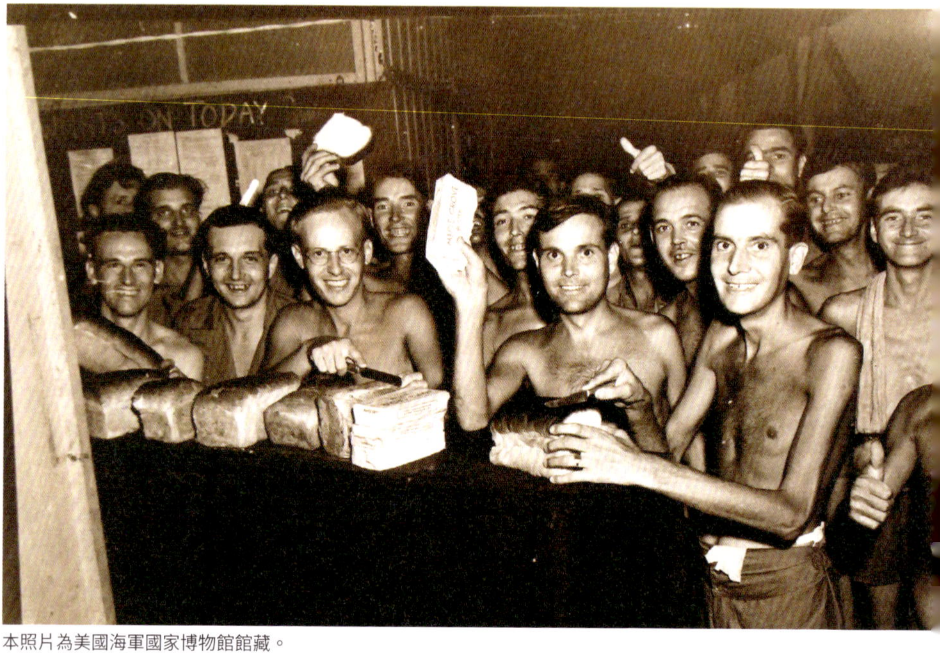

本照片為美國海軍國家博物館館藏。

THAILAND 泰國

JINGUASHI 金瓜石

骨瘦嶙峋的身軀，因臉頰凹陷而突出的眼珠，搭配上獲得食物而展露的燦爛笑容，畫面中的種種令人怵目驚心。

這張照片的拍攝地，是臺灣的基隆。一九四五年九月，日本天皇已宣布在二戰中投降，美國海軍陸戰隊為了解救被日軍俘虜的戰俘而抵達臺灣。當船艦一駛入基隆港，美軍就馬上命人將白麵包與奶油送入戰俘營，因此留下這張照片。這是戰俘們多年來第一次吃到西方食物，臉上的喜悅不言而喻；削瘦的身形也說明了他們艱辛的遭遇。關押這些戰俘的地方，就在今日以風景名勝聞名的金瓜石。為何日軍選擇金瓜石做為戰俘營的地點？這些西方面孔的戰俘來自哪裡？而這些戰俘在營中面臨的又是何種殘酷境遇？

金瓜石

最可怕的不是打仗，而是被抓進日本的戰俘營：從礦坑到鐵路，帝國戰俘如何煉成？

作者／陳力航

一談到金瓜石，許多人大概都能立刻連想到自身的旅遊經驗：黃金神社、十三層遺址、黃金瀑布、陰陽海，無不是國人耳熟能詳的熱門景點。這些景點當然也反映了金瓜石的產業發展，但與它們相比，此地卻有一個隱晦、少有人知的所在，那就是——血跡斑斑的金瓜石戰俘營。

戰俘營是怎麼一回事？

時間要回到日治後期，日本曾在此設立戰俘營收容俘虜來的盟軍戰俘。而對這些金髮碧眼的外國人而言，金瓜石，可能就是他們人生最後的風景……

現實遠比想像更殘酷：金瓜石收容所

一九四二年的盛夏悶熱無比，如火如荼進行著的太平洋戰爭也正打到激烈關頭。那年夏天，日本在臺灣成立了金瓜石、臺中、屏東和花蓮港等俘虜收容所，每個收容所都有編號，而金瓜石，正是天字第一號。

一開始，金瓜石收容所的編制是四十一人，由軍人、通譯和傭人所組成。開設將近三個月後，收容所很快被填滿：五、六百名戰俘陸陸續續進入所中，他們大多不是出身大英國協、就是美國或荷蘭，其中有許多是在馬來西亞和新加坡的英國軍隊，因與日軍對戰戰敗被俘，經由船運送來臺灣，再由金瓜石戰俘收容所收容。

收容所座落於今天金瓜石銅山里的山谷中，建築物本體原先是個工寮，供一九三〇年代初期應聘來此採礦的溫州人居住。沒想到，多年後戰火蔓延整個東亞海域，日本人於是將工寮加工，砌上圍牆、四周環繞起鐵絲網，每三十公尺再配備衛兵——一座供手下敗將落腳的收容所就此誕生。流離到這座蕞爾小島的最北端，西方戰俘們也同過去來到此地的溫州人一樣，做的最多的是採礦，採的則是銅礦。對他們而言，在金瓜石的日子是如何呢？

有位出身英國威爾斯的士兵艾華士（Jack Edwards）在新加坡作戰時落到日軍手中，最後輾轉被送來臺灣，成為金瓜石收容所的見證者。艾華士如此回憶那段不堪回首的日子：他和同袍們待在悶熱的船艙中忍耐著各種臭味，嘔吐物、汗臭和尿騷味直衝鼻端，更別提無所不在的傳染病。好不容易搖搖晃晃地抵達基隆，一上岸得先接受衛生兵的消毒，再搭上火車前往瑞芳。下車之後，俘虜們發現站外湧進許多民眾、學童圍觀，甚至能

一九四五年九月戰爭結束後，美國海軍救出受困臺灣的英、澳戰俘，協助他們登上 Thomas E. Gary 驅逐艦離臺。（美國海軍國家博物館館藏）

從他們手中獲得饅頭果腹。如此光景讓艾華士湧起希望，誤以為日軍也會善待俘虜。

可惜的是，現實遠比他想像得殘酷。到了金瓜石後，艾華士與其他戰俘必須負責在礦坑裡採礦、推車。當時金瓜石礦區一共有八、九個坑道，戰俘都集中在第六坑道，工作地點距離收容所大約兩百公尺。有關礦坑內的工作環境，艾華士印象無比深刻：

礦穴就在戰俘營下方四百呎左右，坑道四通八達，底層更深入海底。溫度高達攝氏五十度，硫磺氣味燻人，炙熱酸水難當，好些火熱坑洞，空氣汙濁，燈都點不著，一般人只能撐五、六分鐘；平民礦工根本不願意下到底層，只有驅使俘虜賣命，經常有人礦挖到一半，就被抬出坑外……

困於死蔭的幽谷：泰緬鐵路

如此人間地獄般的金瓜石，只是日本帝國戰俘營的冰山一角。鏡頭拉遠、慢慢離開臺灣，跟隨著一九五七年《桂河大橋》(The Bridge on the River Kwai) 的電影膠卷，我們來到一般人對於日軍戰俘營的印象——位於泰國、緬甸邊境的桂河大橋。

桂河大橋位於泰緬鐵路的行經路線上，而這條鐵路的作用在於：日軍要輸送物資到緬甸前線，為了避開海運的危險，所以採用陸路鐵路，連通泰國曼谷和緬甸仰光。一九四一年冬天，太平洋戰爭爆發，日本不僅攻擊美國珍珠港，也計畫入侵馬來亞、緬甸等地。對日軍而言，若要進入馬來亞和緬甸，取道泰國是必須的，兩軍旋即爆發衝突。不過雙方的戰火並未持續太久，數日後，深知自己打不過日本、但又不願被佔領的泰國與日本簽訂《有關日本國軍隊通過泰國領土協定》象徵兩國結盟，以外交手段躲過日本的征服，但也因此對日本負有責任——泰緬鐵路，就是在此之後興建的鐵路。

只是，早在日軍進駐之初，是沒有計畫興建這條鐵道的，那麼為何後來又決意興建呢？如此變化與戰局的發展有關。一九四二年二月，日本佔領新加坡，不到一個月內，就連緬甸仰光也被攻下。三月，日本南方軍向大本營陸軍部提出計畫，希望可以建設泰緬鐵道來作為日軍補給線；而大本營陸軍部考慮到工程困難度與勞動力來源等問題，拒絕了這項建設計畫。然而，即便頭頂上司不同意，深受物資補給之苦的南方軍仍自己下令鐵道隊進行建設準備，如勘查地形並與泰國政府交涉、溝通等。六月，眼見箭在弦上，南方軍的鐵道建設計畫終於通過。由於日軍進駐之初便和泰國簽有協同作戰的密約，泰國便依此密約協助調配勞動力與建材給日軍。

在戰俘與工人們的趕工下，鐵道於一九四三年十月二十五日完工，鋪設過程總共動用日軍一萬五千人、盟軍俘虜五萬五千人，還有十萬名由緬甸人、馬來西亞人、印尼人和泰國人組成的勞工大軍。這一個個龐大到毫無實感的數字，背後都是斑斑血淚——由於工作極為繁重，同時要面對日本人的虐待、拷問與惡劣的自然環境，許多盟軍戰俘在鋪設過程中罹患瘧疾、腳氣病，與金瓜石收容所的戰俘面臨相似處境，大量人命不幸犧牲。也因此，泰緬鐵路有個既生動又悲哀的別稱：死亡鐵路。

根據統計，日本國內與外地一共收容了十四萬名戰俘，死亡率接近驚人的三分之一——就整體死亡率來說，此數字甚至高於日本戰俘在蘇聯戰俘營的死亡率（十分之一），可以說，日本的戰俘營在當時是煉獄中的煉獄。

被迫修建泰緬鐵路的盟軍戰俘。（澳洲戰爭紀念館館藏）

煉製俘虜：遍佈東亞海域的戰俘營

何以，日本會如此殘忍地對待戰俘呢？

事實上，這很可能與日本軍人的教育有關。對會切腹自殺的日本軍人來說，「戰敗被俘」

是一件尤為恥辱的事，因此他們對俘虜來的敵軍也沒有好臉色，認為對方是貪生怕死之流。

二次大戰初期，日本軍勢如破竹、席捲東南亞，總共俘虜了約三十五萬的盟軍士兵。在這樣的背景下，一九四一年日本先後成立「俘虜情報部」與「俘虜管理局」，負責處理俘虜相關業務。這三十五萬盟軍士兵都是哪些人呢？超過一半來自殖民地，這些士兵在不反抗日本為條件下獲得釋放。剩下大約十四、十五萬士兵大多是歐美人，可能來自美國、英國、荷蘭、澳洲、加拿大或紐西蘭等國，分別被安置在各地收容所，北從滿洲國奉天，南至泰國、菲律賓、馬來西亞、婆羅洲和爪哇等地都有。這些盟軍戰俘而後大多充作日本軍隊的勞動力，協助日軍鋪設鐵路、道路和機場。

至於日本自己國內，直到一九四二年初僅有一處收容所位在香川縣善通寺，裡頭關的大多是關島戰役時被俘的美軍。後來，隨著戰爭日漸白熱化，在補充勞動力的考量下，日本政府才將部分俘虜移往日本本土。於是，函館、東京、大阪和福岡等地的收容所接連「開張」，這些收容所下還會設置分所、派遣所和分遣所。而收容所所在的地點，大多與日本國內的工業帶、礦坑有關——日本民間企業因為勞動力不足，會向政府提出利用俘虜的需求。這些戰俘被送往日本國內的礦場、造船廠和工廠等，他們處境悲慘，不但要忍受飢餓和虐待，還得要對面疾病與事故。噩夢像是永遠沒有盡頭，直到戰爭結束的那天。

尾聲：後來的他們怎麼了？

這些林林總總的戰俘營，最後自然都隨著日本戰敗而解放了。

然而，戰爭或許結束了，傷口卻不曾痊癒。許多倖存的盟軍戰俘雖然躲過了死神的鐮刀，但戰俘營生活所帶來的創傷卻永恆地留下烙印。二〇一四年在臺上映、由柯林·佛斯（Colin Firth）和妮可·基嫚（Nicole Mary Kidman）主演的電影《心靈勇者》（The Railway Man），就是一部以泰緬鐵道英軍戰俘為主角的戰後故事——對戰俘而言，即便倖存在戰後，但當年的一幕幕情景仍不時會浮現心中，

一九四二年初，日軍要求巴丹半島投降的七萬多名美國與菲律賓戰俘強迫行軍，許多戰俘死在這段路程中，被稱為「巴丹死亡行軍」。（美國國家檔案館館藏）

二○○六年，在金瓜石舉行的戰俘營紀念儀式，英國、加拿大、荷蘭、澳洲、紐西蘭及美國駐臺辦事處等多國人員均到場參加。（新北市政府文化局）

成為他們一輩子的夢魘。

幸或不幸的是，真的有部分戰俘曾在戰後回到金瓜石，參加紀念追思活動。如英國籍的戰俘喬治就曾在二○一四年重返金瓜石，他如此回憶這段永生難忘的過往：過去自己在此勞動，時常衣不蔽體，就算生病也必須工作，每天工作時間超過十六小時。在如此惡劣的環境下，他是極為幸運，才能生存下來。他已和這段歲月和解了嗎？

諷刺的是，無論是金瓜石或桂河大橋，在今日都成為遊人如織的著名觀光景點，過去的戰俘營營舍已不復見，甚至即將被遺忘。而戰時在此受苦受難的軍人，無論過去的創傷如何在午夜夢迴時困擾著他們，隨著時間推移、老兵凋零，最後留下的，也許只有待後人挖掘的歷史記憶。

延伸閱讀

▶ 故事 StoryStudio

- 陳力航，〈被蘇聯俘虜的日軍，他們在西伯利亞的記憶——《零下六十八度：二戰後臺灣人的西伯利亞戰俘經驗》〉（2020）
- 檔案樂活情報｜檔案局，〈《悲情城市》的故事背景、在漆黑中淘金的黯長歲月：從檔案挖掘金瓜石的百年礦坑史〉（2023）
- 蔡亦寧，〈我們見證臺灣礦山曾經的輝煌：金瓜石「黑金年華」的緣起緣滅〉（2023）

和平島

(25° 09'41"N ╳ 121° 45′56″E)

圖為位於和平島公園的琉球漁民慰靈碑。(維基共享資源，lienyuan lee 提供)

OKINAWA 沖繩

KEELUNG 基隆

手持魚叉，眼神堅定望向前方，手指比出的方向可能是漁獲所在之處，也可能指向永遠無法歸返的家鄉。

這是矗立於基隆和平島的「琉球漁民慰靈碑」。顧名思義，這座雕像刻劃的對象是琉球島人，不過琉球人與基隆之間有什麼樣的關聯？現在的沖繩對臺灣人來說，或許是要坐飛機才會抵達的旅遊勝地，但對於一兩百年前的基隆人來說，琉球人是頻繁渡海來此貿易捕漁的好鄰居。這座紀念碑在沖繩人和臺灣人的共同奔走下於二〇一一年落成，為的是紀念過去在此喪命的諸位琉球人。七十年前究竟發生了什麼事？一群琉球來的漁民為何葬身遙遠的異鄉？為何這座慰靈碑對臺灣人和沖繩人來說，都具有重要意義？

和平島

他們因沒通過中文檢定而客死夢想之地：逃離「蘇鐵地獄」後，沖繩人的環太平洋足跡

作者／廖品硯

在基隆和平島北端的和平島公園中，太平洋的浪潮一次又一次擊打著岩岸。浪濤形塑出岸邊迷人的奇岩異石，和平島公園成為觀光客趨之若鶩的旅遊勝地。不過，當人們被美麗的海岸景致吸引時，卻又很難無視公園入口旁那座題有「萬善公」的突兀小廟。即使忽略它、徑直朝岸邊走去，緊接著映入眼簾的，竟是一尊雕有青年男子銅像的「琉球漁民慰靈碑」。

先是無名小廟，隨後又出現一塊慰靈碑，這兩樣地景為和平島平添一層詭譎的氛圍。究竟「琉球漁民」曾遭受什麼樣的冤屈，才會在看似平靜的公園內，樹立起這塊突兀的慰靈碑？答案要回到七十五年前找。當國民黨軍隊展開二二八後的血腥鎮壓時，一群在和平島定

居的沖繩人，不幸被捲入其中……

降臨在社寮海岸的血光之災：沖繩人的二二八

一九四七年三月初，國民政府軍隊自基隆港登陸，著手進行二二八後的全島大整肅。首當其衝的，正是緊鄰基隆港、舊稱「社寮島」的和平島。

三月十一日，登岸的國軍因為與當地漁民起了爭執（究竟是什麼爭執，如今已不可考），帶著機關槍前來社寮島報復，不由分說抓走了十幾位工人、漁民。而當地約住有六百人的沖繩人漁村也遭受池魚之殃，約三十人一同被軍隊綁走——根據民間傳聞，這些沖繩漁民是在國民黨軍隊突如其來的「中文檢定」中失利，隨後便慘遭槍決。這些無端受難的沖繩群眾結局如何呢？除了「仲嵩實」、「石底嘉彌」兩位死難者被指認出來以外，其他受難者的資訊，直至今日仍舊不得而知。諷刺的是，就在這血染社寮海岸的災難過後，社寮島改名為今日的「和平島」。

唯一值得稍感慶幸的是，善良的島民不忍沖繩人慘死異鄉，收拾了他們的遺骸，與歷史上同樣客死該地的西班牙人、荷蘭人和原住民，共同於現今和平島公園裡那座「萬善公」小

和平島上的社寮外嶋集善堂是當地著名的陰廟，供奉客死該地的西班牙人、荷蘭人、原住民和沖繩人。（開放博物館，胡鈞為提供）

廟中祭祀。

事情並未隨著立廟而結束。解嚴後，綑綁人民政治社會權利的各種限制逐漸鬆動，人們終能細數並紀念關於二二八的種種悲劇；不只是臺灣人開始找回自己的記憶與歷史，沖繩人也追溯起先祖的受難。

二〇〇八年，沖繩大學教授又吉盛清發表其中四位失蹤沖繩人的追查成果，[1]並為被害者遺族爭取賠償。兩年後，更有沖繩縣議員前來和平島進行調查，同時提議建碑來紀念這起慘案。

就在沖繩議員造訪後隔年，沖繩企業家捐贈了那塊立於公園內的「琉球漁民慰靈碑」。只不過設碑過程似乎受到有關當局影響，碑文內絲毫沒有提及二二八事件，只寫了此處供奉荷、西、原民、沖繩人，以及和平島曾有沖繩人群居的史實而已。雖然碑文沒有具體寫明沖繩漁民的悲慘經歷，但慰靈碑落成後，不只是和平島居民，每年都有來自沖繩的團體特地造訪和平島，在萬善公小廟與慰靈碑前悼念受難先人。

時至今日，慰靈碑背後悽慘的歷史逐漸撥雲見日。這固然是美事一樁，但在這起歷史事件中，還有一個最關鍵的疑點尚未釐清：為什麼基隆和平島，會住著一大批沖繩人呢？

馬關條約千里一線牽：一八九五年後的沖繩南漂族

臺灣與沖繩的因緣，其實早在一八九五年馬關條約簽訂時就已經種下。

雖然早在一八七一年沖繩還是「琉球王國」時，當地漁民就曾來到臺灣且遭到殺害，也就是歷史課本記載的「八瑤灣事件」。但是，當時的琉球人都是因為遭遇颱風才意外漂流到臺灣，而不是有意識地將臺灣當作旅程的目的地。直到臺、沖兩地同歸日本統治，日臺航道開通時，恰好落在臺灣與九州中間的沖繩，成了日本內地官民來臺必經的停靠站；至此，沖

日本併吞琉球時，時人所繪製的諷刺漫畫。圖中右側的日本人正試圖將代表琉球的巨人拉到己側，擺脫清帝國的影響。(維基共享資源)

繩人才能自由地在國境內穿梭，往返臺灣。而來到臺灣的沖繩人多半從事漁業、土木工人等藍領職業，或是警察、職員這類基層官僚。

南漂的現象並未隨著一九四五年日本戰敗而結束，反倒發生得更為頻繁——這是因為，沖繩在太平洋戰爭期間成了美日交戰的前線，戰後又交給美國統治；等著沖繩人的，只剩下滿目瘡痍的土地。無奈之下，沖繩人只好鋌而走險，拾起美軍的槍彈與配給物資，走私到周邊的臺灣、香港等地販賣，甚至藉此避居臺灣。在國史館現存的資料中，就能見到〈日僑規避回籍〉的案件，裡頭多份檔案顯示出戰後國民黨政府持續抓拿沒有居留證，私自來臺謀生、走私貨物的沖繩人。除了偷偷摸摸地渡海以外，從日治時期便生活在臺灣的部分沖繩人，有許多幸運地作為漁業技術人員被留用下來，和平島的沖繩漁村便是這樣一個案例。

儘管今天已看不出他們在當地留下的足跡，可是據老一輩漁民所說，沖繩漁民當時把許多功夫都傳授給臺灣人，舉凡曳繩、捕魚籠與曬石花菜，對當地漁業貢獻良多。只是就因為決定繼續留在臺灣的一念之差，沖繩漁民們的命運，就這麼朝著二二八事件的慘劇一步步靠近……。

不過話說回來，沖繩和臺灣同樣四面環海，漁業資源也相當發達，何必離鄉背井來到臺灣捕魚維生呢？真正促使沖繩人渡海來臺、甚至前往其他遠方的，其實是那些年，沖繩當地的惡劣環境。

充滿南國風情的植栽，卻成了惡劣時代的象徵：沖繩「蘇鐵地獄」

時間回到一八九五到一九三〇年的明治末期、昭和初期，沖繩的民生實在是苦不堪言，後世甚至用「蘇鐵地獄」（ソテツ地獄）來指稱這段時期。

象徵溫暖、朝氣的南國植物意象「蘇鐵」，怎麼會和地獄有關？沖繩人經歷的地獄處境，還得從更早之前說起。我們現在所熟知的沖繩是這麼來的：一八七一年八瑤灣事件後，日本強行將琉球王國改為「琉球藩」、納為自己的領土，並在八年後正式改為沖繩縣。起初日本統治沖繩時，認為不可能在短時間內改革過去琉球王國設立的制度，因此決定採行類似日後後藤新平統治臺灣的「生物學原理」方針，保存舊慣、循序漸進且彈性地調整舊制。

聽起來很有道理對吧？但這樣的統治方針施行下來，居然把過去琉球王國繁重的「人頭稅」也留下來了，甚至同時加課新政府所需的教育、衛生稅目。屋漏偏逢連夜雨，大概在一八九七年前後，沖繩爆發嚴重的天花疫情，這場傳染病嚴重影響耕作，沖繩人陷入飢荒的窘境。災難還沒結束。二十世紀初期，日本在日俄戰爭結束後陷入蕭條。雖在第一次世界大戰時，日本靠著輸出工業品發了戰爭財，但到了一九一八年戰爭結束、西歐漸漸復甦後，日本卻因過度生產、輸出劇減而遭遇經濟大恐慌。緊接著五年後，關東大地震又為日本已十分頹靡的經濟，再狠狠補上一刀。

遠在南方的沖繩，沒能趕上日本本土的發展速度、也沒有完善的基礎建

蘇鐵是沖繩再常見不過的植物，孰料二十世紀初卻成為惡夢的代稱。（維基共享資源，Snap55提供）

設，還沒體會到被併入日本的好處，二十世紀初期一波波的經濟低潮，就先席捲了沖繩全境。他們原本盛產、向外輸出的砂糖、泡盛酒和漆器，這下都無處可銷，沖繩人一度貧困到連米和芋頭都吃不到。

為了生存，沖繩人把腦筋動到了家戶周遭的蕨類植物——蘇鐵上頭。蘇鐵在沖繩隨處可見，它的莖與種子確實可以止飢，問題在於：它有毒。若沒有經過適當處理、充分泡水與磨碎，蘇鐵是會使人喪命的。可想而知，為了果腹，沖繩人輕則受傷，重則死亡。一棵棵毒樹竟成了飢荒下的救命仙丹，也難怪這段慘痛的過去會被稱作「蘇鐵地獄」。沖繩人不願意就此沈淪在蘇鐵地獄之中，但是在缺乏資源與錢財的情況下，還能有什麼出路？

此時的他們，需要的是一個絕處逢生的機會。不少沖繩人在絕望中選擇將眼光投向大海的另一端——雖然大浪滔滔、前途未卜，但大海的那頭，似乎蘊藏著無限的可能性。

居內地飽受異樣眼光、在外地心繫故鄉，遍地開花的沖繩人

理解沖繩在二十世紀初的處境後，儘管無法確切得知和平島的沖繩漁民究竟為何來到臺

灣，不過可以合理推測，當時沖繩人到臺灣來發展，肯定是有賺頭的。臺灣在被日本殖民統治後，取代了沖繩「國境之南」的戰略地位，再加上擁有豐厚的農業資源，相當受到日本當局重視。有許多沖繩人正是看好發展中的臺灣，才決定南漂至此拚搏一番。

除了殖民地臺灣之外，當然也有不少沖繩人動身遷往母國日本內地，主要集中在大阪、神戶一帶的工業區。今日若走訪大阪的大正區，可以在當地品嘗到各種道地沖繩美食，並看見各種模仿沖繩的景致，這通通是當年到那裡工作並定居下來的沖繩人的足跡。不過在內地，沖繩人卻得忍受大大小小的歧視。這是因為在過去琉球王國時期，琉球與清國關係匪淺，同時向清國與日本進貢；爾後琉球雖被納為日本領土，並改制為沖繩縣，不少日本人依舊看不起曾經「日清兩屬」、甚至不會說日語的沖繩人。這種歧視，最具體地體現在阪神一帶「徵人，但不包括琉球人、臺灣人」或者「恕不收朝鮮人、琉球人」的這類徵人告示——沖繩雖是日本領土，堂堂正正的都道府縣之一，卻被拿來與朝鮮和臺灣這類殖民地相提並論，頗有羞辱之意。

當山久三晚年的肖像，他是帶領沖繩人遠赴夏威夷、菲律賓、北美洲和中南美洲各處的海外移民先驅。(本作藏於那霸市歷史博物館，維基共享資源)

就算好不容易找到工作，會接受沖繩人的，也大都是危險、不受保障的粗活，他們個個都得做好應對工時長、低薪和髒亂工作環境的準備。但為了生計，也同時要證明自己是「勤勉的日本國民」，沖繩人不得不咬牙苦撐下去。當然，廣闊的海洋上，不會只有日本國境是沖繩人的落腳之地，奔赴海外者亦所見多有。直到太平洋戰爭爆發前，據統計約有近一成的沖繩人移居海外。

最早冒險橫越外海的沖繩人，是一八九九年率隊前往夏威夷的當山久三先生。到了夏威夷當地，雖然同樣是在艱苦的環境下耕地、養豬，但總算是有努力的方向。時日一久，沖繩居民們也逐漸在夏威夷落地生根、發展良好，開始走進市街鬧區開起餐廳與商店。除了夏威夷之外，整個環太平洋都有沖繩人的身影。他們的步伐不止，朝南美、北美和東南亞開枝散葉，內心渴望的，不過是搏一個比在故鄉等死更好的未來。

辛苦的移民們也沒有忘記自己最初離鄉的目的，時不時會將辛苦積攢的錢財寄回沖繩，成為家族的經濟支柱，甚至是沖繩政府的一大財源——這些沖繩移民的金援，一度佔縣歲入的六成之多！就這樣，雖然深陷於「蘇鐵地獄」的泥淖中，沖繩人依舊把握住機會，眼光和腳步朝向大海，努力為家人及家鄉爭一口飯、也為貧困的沖繩爭一口氣。

尾聲：在島與島之間

曾有沖繩網友在推特上分享，身為沖繩人的他若是想品嚐日本的連鎖家庭餐廳薩莉亞（サイゼリヤ），最近的門市竟是隔了個海峽、位於臺北南京西路的「中山南京店」。對大眾來說，或許這只不過是一則引人發笑的推文，但這則推文也在無形中透露出沖繩群島與臺灣島、日本列島間的微妙關係。

一來，它標誌了沖繩與臺灣鄰近的地理位置，且兩地都與日本有著千絲萬縷的關係。二來，它指出沖繩現在雖歸日本所屬，卻始終與日本本土有道隱形的牆，從擁有一千家以上日本分店的薩莉亞居然未在沖繩展店一事，就顯示了兩者的隔閡。這種曖昧模糊的距離，讓沖繩人在受到日本統治後，一方面與日本本土共同承擔經濟恐慌的苦果，一方面又得受內地人的歧視。

這種似近忽遠的距離，也讓沖繩人選擇到鄰近且前途看好的殖民地臺灣，豈料歷史卻無情地將沖繩人推向二二八的慘劇。這種充滿不確定的距離，更使得沖繩人寧願奔赴千里之外，只為求得家人的溫飽。夾在臺、日島鏈中間位置的命運，間接或直接地使沖繩的近現代歷史由移民的血淚所寫成。但是，也就是在如此慘澹的過去中，沖繩人為家鄉打拚、為家人奮鬥，無比珍貴的精神資產一次次被世人所見證。

回頭看看那座矗立於和平島公園的慰靈碑吧！它雖稱作「慰靈碑」，但碑上的男子銅像，眼裡卻沒有一絲哀戚的神色。他挺直腰桿，一手直指前方、一手緊握魚叉，雙眼如鷹般地向前望——在那道眼神中，我們似乎能看見沖繩的天、沖繩的海，以及他所深愛的，沖繩的所有所有。

延伸閱讀

▶ 故事 StoryStudio

- 嗚人堂／阿潑，〈活著是為了傳遞戰爭的殘酷——沖繩人的太平洋戰爭與戰後〉（2015）
- 故事編輯部，〈沖繩苦瓜雜炒（ゴーヤーチャンプルー）｜或許琉球心裡苦，但琉球都不說〉（2021）

松山機場

(25° 03'50"N × 121° 33'06"E)

圖為一九三六年啟用的臺北飛行場，是臺灣民航發展的起點，其配有大型鐵骨建成的格納庫，可容納較大型的民用客機。(維基共享資源)

INDIA 印度

SONGSHAN 松山

在空中翱翔的飛行機，對於過去的人們來說該是多麼新鮮壯觀的景象。

日治時期的企業家（也就是臺北辻利茶舖的創始者）三好德三郎曾在日記中記錄了一場一九三六年的空軍演習：「大約是中午十二點半前後，飛機自松山機場出發，在假想的敵機空襲條件下，地面部隊積極應戰，防空飛機也果敢活躍。臺北公園內人山人海，劇烈的砲聲與爆炸聲極其勇壯。」透過他的文字，好似能想像聚集在臺北公園中的人們齊頭仰望的場景，以及現場好奇又期待的氛圍。

右邊這張照片中的臺北飛行場——也就是松山機場，在上述這場軍演發生的那年正好落成啟用。這座機場的落成也開啟了民航機飛行的時代，臺北自此成為國際航線中的一站。不過那個年代的飛行安全不如今日，偶有飛機墜毀的事件發生一九四五年臺北的一場空難，就有為重要的人物因此殞落，他是印度獨立領袖：錢德拉・鮑斯。為何一個印度的政治人物會在紛亂的時局中，來到臺北搭乘飛機？而這位政治領袖對於近代印度史有何重要意義？

松山機場

被遺忘的印度獨立運動英雄，為什麼竟在臺灣墜機身亡，魂斷異鄉？

作者／郭璨宇

松山機場曾有「東洋一の飛行場」（東洋第一的飛行場）的威名。彼時還被稱為「臺北飛行場」的它，早在一九三六年就完工啟用。時至戰後，在桃園機場尚未落成、搶去所有風頭前，更成為全臺最重要的國際樞紐。它是戒嚴時期的國門、「自由世界的大門」，迎接過美

今日松山機場的樣貌。（維基共享資源，玄史生提供）

反殖民運動的領導者錢德拉·鮑斯，這位戴著眼鏡、看上去一派斯文的好好先生，其實是不折不扣的武鬥派。（維基共享資源）

國總統艾森豪的到來、走過小三通的時代、送別無數搶搭廉航班機前往日本的旅人……

是的，在我們的記憶中，松山機場作為連結臺灣與世界的節點，是再平凡不過的事實。然而，不平凡的是，這座機場還曾記憶著一樁格外特別的國際事件——印度獨立運動的英雄錢德拉・鮑斯（Subhash Chandra Bose）之死。

一九四五年八月十五日，昭和天皇以錄音電臺廣播向日本國民發表震撼全國的《終戰詔書》，宣布日本政府決定遵從同盟國集團的無條件投降之要求，第二次世界大戰正式告終。三天之後，鮑斯急匆匆地收拾行囊從東南亞搭機打算前往滿洲國大連，途中停留臺灣轉機。但就在下午兩點，飛機從臺北飛行場起飛後不久……

「砰！」

機身意外傾斜墜毀，絢爛的火花之中，鮑斯嚴重燒傷，最後竟傷重不治。一縷印度的亡魂，就此停泊於臺北。這是起謎團重重、引人疑竇的死亡：鮑斯這個人究竟是誰？為什麼一位跟印度獨立運動有關的大人物，竟會因一起飛航意外在臺北的機場送命？

被遺忘的印度獨立運動領導人

要回答這些疑問，必須第二次世界大戰前的印度講起。

十九世紀中葉開始，日不落帝國的米字旗在印度大地上獵獵作響。半世紀過去，印度人早已厭倦了英國長久以來的經濟剝削，到了第一次世界大戰時，英國在印度強制徵兵，更引起印度人嚴重的不滿與怒火，反抗勢力逐漸抬頭。戰爭結束後的一九一九年，英屬印度政府為了打擊革命活動，通過了允許政府可以在未經審判的狀況下，將境內嫌疑犯逮捕入獄的《羅拉特法案》（Rowlatt Act）。但嚴峻的規定，招致的是強烈的反彈——這法案不但沒有阻止革命活動，反而助長人民想要追求獨立的決心。其中，最有名的反殖民活動，就是由聖雄甘地（Gandhi）所發起的的「不合作運動」（Non-cooperation movement），以不納稅、不購買英國貨品與絕食等手段和平抵抗英國統治。

真納、甘地與尼赫魯三人是印度獨立之路上的三駕馬車，此為甘地與尼赫魯的會面。（維基共享資源）

當時，印度國民大會黨（Indian National Congress，至今仍是印度的重要政黨）是在議會爭取獨立的重要勢力，甘地也隸屬其中，是黨內重要的領袖人物。除了甘地之外，該黨還孕育了其他對南亞情勢影響頗深的政治人物，比如印度獨立後第一任總理尼赫魯（Pandit Jawaharlal Nehru），以及巴基斯坦的國父真納（Muhammad Ali Jinnah）。

寫到這裡，我們的主角差不多該出場了：鮑斯。相較於赫赫有名的甘地，他是一位被許多人遺忘的印度獨立鬥士。

出身在印度奧里薩邦、曾在英國劍橋大學留學的他，返國後本來有機會成為與政府攜手合作的殖民地菁英，但鮑斯拒絕了這條康莊大道。他支持甘地的理想，並稱甘地為「國父」（The Father of Our Nation）；甘地也非常看好他，稱讚鮑斯是「愛國者中的王子」（Prince among the Patriots，可見鮑斯形象有多好！）不過，雖然兩位有共同的願景，但達成目的的路線卻不同：鮑斯希望透過「武力」與政府對抗，以最快的速度爭取獨立；而甘地則是把希望寄託在「和平」之上，採取較溫和的手段讓英國交出政權。

一九三九年，鮑斯連任為印度國民大會黨黨主席，但他並非甘地當時屬意的人選，而甘地也明確表示對選舉結果感到遺憾。隨著與甘地的理念漸行漸遠，鮑斯最終決定辭去黨主席一職，另外在印度國民大會黨內部成立一個左翼組織——「前進同盟」（Forward Bloc），以發展他的獨立建國理念。

大東亞共榮圈：「相互尊重、彼此獨立」的反殖民聯盟？

鮑斯想要以武力爭取印度獨立，但這條路談何容易？他手上根本沒有足夠資源對付強大的大英帝國，只得尋求其他強權的協助。

一九四一年，太平洋戰爭爆發，鮑斯眼睛一亮：敵人的敵人，那不就是朋友嗎！鮑斯的第一個選項是蘇聯，他先借道阿富汗前往北方尋求史達林的支持，可惜的是，史達林婉拒了他的要求。好吧，他還有第二個選擇，那就是正在和英國作戰的納粹德國。這回，鮑斯成功獲得希特勒的支持，條件是由當時在歐洲的印度人與德國在北非俘虜的印度戰俘組成約兩千人的「印度國民軍」(Indian Legion)，隸屬德國軍隊，協助德國在歐洲的戰事。不幸的是，隨著歐洲戰場吃緊，德國後來也無力繼續協助鮑斯的印度獨立計畫。

這下該怎麼辦？鮑斯於是把目光轉向另一個軸心國成員：日本。

一九四三年，鮑斯如願獲得日本的支持。十月二十一日，在日本的支援下，鮑斯於新加坡成立了一個臨時政府「自由印度」(Azad Hind)，由他擔任國家領導人及印度國民軍最高司令官。這個臨時政權的終極目標，當然是結束英國在印度的統治。為什麼日本會援助鮑斯？對於當時的日本來說，鮑斯的計畫正符合日本為「擴張」所賦予的正當性和論述：協助將亞洲各國從歐洲列強的殖民統治中解放出來，並在亞洲建立「共存共榮」的新秩序。再加上其實早在前一年、一九四二年的五月，日本就已經控制了英屬緬甸，眼看下一步就是往西進攻印度；此時出現求援的鮑斯儼然是天上掉下來的禮（藉）物（口），剛好方便日本進軍印度。於是，支持鮑斯的計畫，便成了理所當然。

一九四三年十一月，日本召開了「大東亞會議」，主要目的是為了宣揚日本的「大東亞共榮圈」，當時出席的國家有南京國民政府、滿州國、泰國、菲律賓第二共和國和緬甸國，由鮑斯所領導的自由印度也赫然在列。

一九四二年，錢德拉·鮑斯（左）與希特勒（右）的會面（維基共享資源）

就這樣，自由印度攜手與日本合作攻擊英屬印度，但是情勢卻未能如鮑斯所願。敗戰的跡象從一九四四年六月「U號作戰」（ウ号作戰）失利開始，盟軍陸續擊退自由印度與日本的聯軍，最後鮑斯與他的軍隊只得黯然退回馬來亞。

鮑斯或許還在苦思該如何重振旗鼓，死神卻已舉起鐮刀，站在命運的十字路口等候。一九四五年八月十八日，日本宣佈投降後三天，鮑斯正準備跟日本關東軍的副參謀長四手井綱從臺北飛行場飛往滿州國的大連。鮑斯的算盤是這

麼打的：戰爭結束後，中國東北暫時由蘇聯軍隊接管，因此他打算與在滿州國的蘇軍討論接下來的印度情勢。鮑斯認為，蘇聯與英國雖為盟友，但是蘇聯內部其實仍有反英勢力，這有利於他獲得蘇聯的援助對抗英國。

只可惜，人算不如天算。就在起飛後不久，鮑斯搭乘的轟炸機螺旋槳意外脫離，飛機墜機後直接起火，鮑斯遭受嚴重燒傷。雖然他並未當場死亡，但緊急被送往臺北陸軍病院南門病室搶救後仍傷重不治，結束了四十八年如流星般短暫又璀璨的生命。死去後的鮑斯，並未魂歸故土。他的遺體火化後在臺北的西本願寺（今日臺北市捷運西門站附近）舉辦法會，遺骨則運到日本，安葬於東京蓮光寺。所以往後印度政要訪日時，往往會特地來參訪蓮光寺。

尾聲：失落的寶石

鮑斯的後半生，讀起來充滿宿命般的悲情色彩，不斷押錯寶：先

上｜參與大東亞會議的國家領袖，由左至右為：緬甸國總理巴莫、滿州國總理張景惠、南京國民政府行政院長汪兆銘、日本內閣總理大臣東條英機、泰國代總理瓦拉旺親王、菲律賓總統勞威爾，以及自由印度領導鮑斯。（維基共享資源）

下｜隨著軸心國日漸失利，印度國民軍也逐漸被逼入死角。圖為一九四五年，在緬甸投降的國民軍士兵。（維基共享資源）

是投靠納粹德國、後來又加入日本的大東亞共榮圈，朝戰敗的泥淖越陷越深。然而，他組織的印度國民軍代表的是不論地區、種族或宗教的印度人，都可以挺身為國家而戰，他證明印度人有足夠的力量爭取自己的獨立。鮑斯與他所捍衛的理念，在印度人心中種下了一顆種籽：印度人發現，他們是有能力對抗英國的。

戰後產出七位首相的印度國民大會黨，多半只提到甘地及印度獨立後第一位總理尼赫魯的貢獻，而鮮少提及鮑斯，這或許跟他與軸心國密切合作的歷史有關；鮑斯這個名字，長期以來被印度政壇視為不名譽的一段過去。

如果軸心國是最後的贏家，或許鮑斯在歷史上的評價也會截然不同吧？

不過，近年來，印度國內也開始有替鮑斯平反的聲浪，二〇一六年在慶祝印度獨立七十周年的「獨立日影展」(Independence Day Film Festival) 上，印度國防部就特別播放了二〇〇四年的電影《鮑斯：被遺忘的英雄》(Subhas Chandra Bose : The Forgotten Hero)；而二〇一八年十月，印度總理莫迪（Narendra Modi）則慶祝自由印度成立七十五週年，紀念鮑斯在戰爭期間的貢獻。印度東部最大的機場加爾各答更是以鮑斯為名（Netaji Subhas Chandra Bose International Airport），他也多次出現在印度的郵票上。

而臺灣，在二戰中作為日本帝國戰爭基地的臺灣，也無意間見證了無數與日本攜手合作的「盟友們」的來去，甚至在歷史的巨輪中軋上一角。據說鮑斯遠赴大連的行囊內，裝滿了東南亞數百萬印度裔人民捐獻給獨立運動、他用以復國的寶石與金飾，而根據灣生竹中信子的紀錄，鮑斯死後，當時就讀臺北第一高女的學生們甚至被日本政府動員去尋找、挑揀這批寶石……

寶石後來去哪兒了？沒人知道。而關於鮑斯的記憶，也從此在臺灣歷史上成了下落不明的查無此人。

延伸閱讀

▶ 故事 StoryStudio

- 黃國治，〈始終擁護種姓制度，甚至不惜絕食抗議賤民參政——你所不知道的聖雄甘地〉（2020）
- 洪德青，〈越南王子曾化名久居臺灣，還在臺北辦廣播，鼓吹越南革命？〉（2020）
- 檔案樂活情報｜檔案局，〈軍民合用，第一個開放國際航班的國內乙種航空站——花蓮機場〉（2022）

明星
咖啡館

(25° 02'39"N × 121° 30'46"E)

圖片由明星咖啡館授權提供。

SAINT PETERSBURG 聖彼得堡

TAIPEI 臺北

「橙黃燈光的小壁燈，笨拙的大理石桌面，綠色高背沙發，帶些許歐洲古風。」一九八五年，《聯合文學》雜誌的文章如此描述明星咖啡館的樣貌。

明星咖啡館之於臺灣文學史，甚至臺灣的文化史，都有無可抹滅的重要性。過去畫家李梅樹、廖繼春、顏水龍等藝術家常到此地聚會，還將自己的作品掛在咖啡廳中展示；詩人周夢蝶長年在明星樓下擺書攤，供給作家們文學書籍與雜誌；小說家黃春明曾在這裡日以繼夜地完成他大部分的作品。

座落於臺北市武昌街的明星咖啡館養育出許多文學之星，但它的名字「Astoria」指向的是一顆更遙遠，遠在西伯利亞的星星。曾經，明星的俄羅斯人老闆帶著羅宋湯與俄羅斯軟糖的食譜，顛破流離逃離家鄉，經過哈爾濱、上海，最後落腳臺灣。是什麼樣的動盪時局迫使俄國人離鄉背井，這一路上的際遇又是何等艱辛？臺灣，何以成為俄國人的落腳之處？

明星咖啡館

俄羅斯人流浪記：臺北街頭的那道羅宋湯，竟是來自帝國崩毀後的千里逃亡

作者／林靚融

推開玻璃大門，坐落在臺北城中的明星咖啡館，曾是許多老臺北人與知名文人如白先勇、周夢蝶的愛店，留俄的前總統蔣經國與夫人蔣方良，也曾大駕光臨。種種傳奇，都為這間小小咖啡館添上幾筆輝煌。當然，除了名人加持之外，這間西式餐館最大的魅力、同時也是最撲朔迷離的謎團在於——

一間在臺灣的咖啡館，竟然主打俄羅斯菜？

明星咖啡館的身世之謎，在官方網站與諸多報導中有些線索。據稱，咖啡館最初是由俄羅斯帝國皇家侍衛隊的喬治・艾斯尼南與另外五位俄國人合資開設，承襲正宗俄國皇室風

味，甚至延續了一九一五年的古董食譜。然而，如果進一步考證資料，我們很難斷定明星咖啡館與俄國皇家的淵源究竟有多深。唯一可以確定的是，咖啡館的創始人喬治·艾斯尼南，與上海曾經的俄羅斯社群有關，而且在上海霞飛路上，也曾有一家同名的「明星咖啡店」。上海怎麼也有一家明星咖啡？俄羅斯人又為何要離家千里遠，跑到上海去？

這一切的一切，始於一九一七年那場革命的汽笛聲。

流亡的俄羅斯人：他們失去帝國，也沒有了家

一九一七年，俄羅斯彼得格勒（今聖彼得堡）上空迴盪著共產黨人響徹雲霄的怒吼，綿延兩百年的俄羅斯帝國

一九六一年，開在武昌街上的明星咖啡館。（明星咖啡館授權提供）

垮臺，無產階級政權取而代之，史稱十月革命。然而，不是所有人都能接受這個驚天巨變，有一群人仍然堅定信奉俄羅斯帝國。無法面對改頭換面的家園，這群帝俄殘存的舊勢力，只得倉皇沿著西伯利亞鐵路向外奔逃。逃亡的盡頭——哈爾濱，成為帝俄難民的希望碉堡。

為何會選擇落腳哈爾濱呢？其實早在十九世紀後半葉，俄羅斯帝國的影響力就開始往中國東北一帶擴張，在當地劃定殖民地興建鐵路、連結西伯利亞大鐵路與海參崴。[1] 海參崴的名字Владивосток（Vladivostok），意思正是「統治／控制東方」，因為這個帝國夢想，勞工、技師、商人、軍人與官員，各種不同背景的人聚集在這裡，共同建築俄羅斯帝國的滿洲夢。帝國垮臺之後，哈爾濱成為帝國最後的根據地。拒絕承認共產政權的帝俄難民們，紛紛湧入哈爾濱，與反對勢力「白軍」一起奮勇抵抗。只可惜五年後反抗終歸失敗，大批俄人只能告別滿洲、告別辛辛苦苦建設的家園，自此，真正成了沒有國家的人。

這群流亡俄人的職業、階級參差不齊，但他們有一個強烈的共同點：對俄羅斯帝國的認同與懷念。在俄羅斯共產政權與中國國籍的抉擇面前，大部分人固執地拒絕兩者。相同的命運將漂泊的他們緊緊牽繫，得益於職業背景的多元，在彼此相互扶持下，帝俄難民們勉強維持著生計。但他們也不免自問：「我們應該往何處去？我們還能有一個家嗎？」

答案，就在千里之外的中國國境內——上海。

上海之所以被選中成為這群流亡俄羅斯人的家，原因是十多年前的那場日俄戰爭。一九

反布爾什維克的白軍勢力宣傳海報，底下的文字寫著「耶穌復活了！」暗示白軍與俄羅斯將如耶穌一般再起。（維基共享資源）

〇四年，帝俄巡洋艦阿斯科爾德號（Askold）抵達上海，維修船隻損傷。跟著船艦，第一批俄國移民抵達上海，[2] 這些人多半是軍人與隨軍人員，因日俄戰爭的傷勢而駐留於上海港區周圍。從當時隨軍護士留下的遺物——隨身簡單衣物、鴕鳥蛋、龜殼瓶、縫紉機（生計工具）與一百盧布債券——可以看出這群軍人並不富裕，多半只能身兼數職以賺取基本所需。儘管生活環境如此苛刻，他們仍頑強地存活了下來，並於上海租界形成穩定的俄僑社區。

因為這樣，這群哈爾濱與歐洲各地的離散俄人，在無家可回時，加入了上海俄僑社群，開始建立新生活。

明星咖啡館的祖師爺來了！在上海的那些日子

面對陌生的環境，生活自然不容易。

不過，隨著同胞不斷增加，俄人逐漸在上海譜出新篇章；除了憑藉軍事背景加入法租界的警備隊，他們也試圖經營餐廳與咖啡館。部分俄人在中國東北有經商與餐飲業的經驗，清楚知道如何吸引消費者，將「娛樂」與「飲食」結合的俄式餐廳，受到上海大眾熱烈歡迎：對於外籍人士與當地中國人來說，一面用餐一面聆聽交響樂、觀賞舞蹈或表演，是何等新奇的享受啊！

俄羅斯帝國的巡洋艦阿斯科爾德號。（維基共享資源）

當然，也不是每次商業冒險都能挖到金礦，資金往往成為長久營運的重大阻礙——上海的信用制度是以一年為期限，多數餐廳往往無法順利迎來第二個營運周年。許多人因此務實地選擇小型投資，開設日常雜貨店或小餐館。這些俄人事業令港區充滿蓬勃的商業氣息，吸引人群拜訪、住居、帶入資金，成為促進上海轉變為國際港都的一大助力。而隔壁的法租界也逐漸遍布俄式風情，許多餐館與咖啡廳陸續闖出名號，其中一家，正是我們最熟悉的「明星咖啡館」(Astoria)。

上海法租界的明星咖啡館最初由六名俄羅斯人在一九二〇年合資開設，六年後他們將經營權轉售予另一位希臘裔商人，但經典的帝俄菜單與俄式甜點則被保留了下來。不只明星咖啡館，不少俄式咖啡館在當時除了吸引西方人，也頗受中國文人歡迎。到了此時，上海俄人社群與中國人互動頻繁，早已不若世紀初時的貧困封閉，同時，這群俄羅斯人也成為中國知識界認識現代化、西方生活文化的重要窗口（奇妙的是，十幾年後，類似的情形也發生在海洋另一端的臺北）。

好景不常，一九三七年中日戰爭的戰火燒到了上海，十年的安穩再次遭到破壞。日本佔領下的經濟措施重創上海的製造與服務業，餐廳和咖啡館淪為販售肥皂、威士忌與刮鬍刀的交易場所；儘管可以自由來往租界尋找生機，但失業和通膨的陰影壟罩整個上海。更慘的是，隨著歐陸戰場爆發，港口邊湧現一批又一批猶太難民，讓原先已十分緊繃的就業市場和經濟資源雪上加霜。一九四五年戰爭終於結束，面對滿目瘡痍的城市與國共內戰的對峙，多數俄人萌生了再次遷居的念頭。儘管中國政府嚴格控制財產與資金流動，但上有政策下有對策，許多人將黃金與鑽石等貴重物品藏在牙齒、衣服和玩偶內，一時間牙醫診所與裁縫店的生意竟絡繹不絕。

再次去流浪：明亮的星星落腳臺北

那麼，下一步該走向何方？

有些人選擇重返祖國。蘇聯政府為了恢復戰爭創傷亟需大量人才與勞力，提供若干誘因促使俄僑返國，像是免除每人六百公斤的行李運輸費與關稅。最後約莫有近八千人（約當時俄僑人口的一半）提出撤僑申請，陸續回到海參崴；而在眼前等著他們的未來，則是思想審查與道德改造。

至於那些仍抗拒蘇聯共產政權的人——多數是權貴、軍人和富人——則試圖前往澳洲、美國等政經穩定的西方國家。少部分弱勢俄人透過舊金山的俄羅斯東正教社群協助，赴美落地生根；大量低下階層的俄僑也經由慈善組織協助去到香港，但他們遠不如在美國西岸的同胞幸運，多數僅能兜售隨身物品謀生。

還有一些人選擇遷往不遠處的東亞，如日本、菲律賓[3]和臺灣。特別是一九四九年後，一批俄人隨國民政府來到臺灣，基於當時中華民國「反共抗俄」的立場，儘管在臺俄人多半抗拒共產主義，但來自赤色大國的他們，只能低調再低調——在這些人中，就包括喬治・艾斯尼南。

數年後，艾斯尼南與朋友合資開了一家咖啡館。為咖啡館命名之際，他們或許想起了那

左為創立明星咖啡館的喬治・艾斯尼南，右為後來的店主兼好友簡錦錐。（明星咖啡廳授權提供）

間曾在上海風光一時的明星咖啡館，因此，也將自己的店取名為「明星」。

除了店名以外，臺北明星咖啡館與上海明星咖啡館有關的血脈線索，就屬招牌羅宋湯了。羅宋湯是斯拉夫人共同的飲食文化，其名 borscht 指的是甜菜根湯；不過中文的「羅宋湯」則特別顯現出與俄羅斯之間的淵源：「羅宋」之名來自於上海人指稱俄羅斯人的湯（Russian soup）。當時上海俄人社群以番茄（醬）、高麗菜與牛肉為主，用高麗菜取代了傳統的甜菜，以迎合上海人的口味；儘管今日臺北明星咖啡館的羅宋湯有著甜菜根點綴，但從湯品名稱來看，它確實與上海明星咖啡館和俄僑社群有著千絲萬縷的關係。明星咖啡館成了那些年在臺俄人記憶之所繫——他們在此處尋覓家鄉味一解鄉愁，並在咖啡香氣裡和同鄉交流情感以排解寂寞。

二十世紀上半葉，整格世界壟罩在戰爭之中。從歐洲到亞洲，從俄羅斯到上海再四散各處，俄人不曾停歇的腳步，背後襯著陣陣槍聲。那些踏上故土的人們，要面對的是人事已非的家園；而那些前往新天地的人們，一如當初在上海那般，得重新打天下。今日，美國、澳洲、歐洲、日本和臺灣等地依然存在當年那群俄羅斯人的後代，但他們的身影已逐漸與在地人重疊，融入了當地的風景中。

或許，他們已將異鄉活成故鄉。

今天的明星咖啡館，已是臺北市著名的餐飲景點。（維基共享資源，Outlookxp 提供）

1 Chinese Eastern Railway Zone，顧名思義是俄羅斯帝國為了修築橫跨俄國邊境與中國東北的鐵路而設置的殖民地。

2 先前帝俄曾於上海開設官方領事局，但沒有足夠俄人旅居當地，自然無法形成俄僑社區。

3 當時在美國與聯合國的協調下，菲律賓的圖包巴島（Tubabao Island）建立起臨時難民收容所，規模約有六千人。

延伸閱讀

▶ 故事 StoryStudio

- 故事編輯部，〈都市裡的文青角落：明星咖啡館與白先勇的臺北記憶〉（2016）
- 郭婷，〈十月革命後流亡的沙俄難民，在上海重現故鄉的羅宋湯〉（2017）
- 熱帶島嶼人，〈獨裁者灌酒吐真言、國營酒館割韭菜：俄羅斯的百年暗黑統御術〉（2023）

清境農場

(24° 02'05"N × 121° 11'15"E)

此圖為清境農場之景色。(清境農場授權提供)

MYNAMAR 緬甸

NANTOU 南投

遼闊的山谷間，青青草原上綿羊或站或臥……許多人前往瑞士，為的就是一睹這清幽的景色。其實類似的風景，在臺灣就可以看到：南投的清境農場，素有小瑞士之稱，較高海拔的環境讓這裡有條件仿造歐洲草原，讓臺灣人不用遠渡海外，也能在亞熱帶國家就體驗到彷彿歐洲山區的景致。不過讓人意想不到的是，除了觀光之外，清境農場最初的建立其實源自政治目的：國民黨政府這裡安置了一群真正來自贊米亞高原的人們。贊米亞高原位於何處？為何這些人在戰爭之後遷徙到臺灣來？政府又為何刻意將這群人「安置」在高山的草原之上？

清境農場

原來不是觀光農場，
而是游擊隊軍民的家？
他們來自神秘的「贊米亞」

作者／郭曜軒

牧羊人打開柵欄，成群綿羊在廣大的青綠草原上奔跑，一旁還有風車與亮黃色、粉紅色的木造小屋相映成趣，再配上環繞的山景，讓人誤以為自己身在「世界花園」瑞士——實際上，這裡是臺灣，位於南投與花蓮交界的清境農場。大多數臺灣人對清境的印象除了大片草原、歐式民宿外，還有旅人必帶的伴手禮：高山蜜桃與高山茶。

清境農場與博望新村一帶的高空全景（國家文化記憶庫，原住民族委員會原住民族文化發展中心提供）

但令人疑惑的是，清境農場明明主打歐風印象、還自詡為「臺灣小瑞士」，那為什麼這兒卻有著不少風格迥異的雲泰料理餐廳呢？甚至在疫情爆發前，清境農場還會於每年的九、十月舉行「火把節」。火把節是什麼？打開清境農場的官網一查，你可能更疑惑了：咦？上頭只寫著火把節是中國西南少數民族在慶祝的節慶，這似乎離我們印象中的歐風農場越來越遙遠……

究竟這是怎麼一回事？想解開清境農場之謎，我們得先到雲南走一趟。

從前從前，有一群人……神秘的「贊米亞」

「窮走夷方急走場，有女莫嫁綺羅鄉。」這是在雲南當地盛行的一句古諺，指的是窮人若想賺大錢，便到「夷方」緬甸去做玉石生意；而倘若生了女兒，千萬別讓她嫁去綺羅鄉。綺羅鄉在哪裡？

它位在雲南騰衝市，一座看似平凡的農村，別名為「僑鄉」。在這兒務農的村民同時也是商人，當地人在成年後，會到「夷方」緬甸做生意或挖礦石。有趣的是，雲南及鄰近的四川從明代開始就是中國朝廷重要的礦場與鹽田，既然本身資源就如此豐富，那雲南人為什麼還要跨越邊境，去到別的國家做生意呢？

要回答這個問題，我們首先需跳脫地圖上國界線的限制，如此一來，便會有個新發現：中國西南、越南、緬甸、泰國及寮國的國界相連之處，形成了一座神秘的高地社會。這裡腳下所踩的每吋土地，海拔都來到兩千公尺以上，不是山地就是高原。在地勢的隔閡下，常出現一種現象：明明是同一族，但卻因山脈阻隔，導致只要住在不同地區便有著各自的語言和文化。

人類學家稱這片神秘的高海拔區域為「贊米亞」（Zomia）。[1] 它涵蓋今日的雲南，以及泰國、緬甸、寮國、越南等東南亞北部地區。由於地形的保護之下，讓生活在此地的人們很難用被官方或分類的知識體系輕易定義。同一族群在不同國境之內都有著不同稱呼。例如，景頗族與克欽族（ka. hkyang）。換言之，贊米亞的人身分是流動的，彼此差異甚大，但他們都是「高地的人」。並且，因為地形的限制，這群「高地的人」讓低地的政權傷透腦筋，難以掌控，正如斯科特將贊米亞稱為「無政府主義者的避難所」。

即便到了近代的清朝或後來英國、法國殖民東南亞時期，低地政權仍無法百分之百統治贊米亞，只能想盡辦法賄賂當地的酋長，因此贊米亞一直是一片曖昧的模糊地帶。又因贊米亞人大多不會書寫國家的文字，所以更常受到低地政權貶低，被貼上「野蠻」的標籤。而贊米亞的族群名稱也隨著低地政權的來去，而有了多種以上的稱呼。然而，事實是：即便他們說不同語言、穿不同服飾、過不同生活，但這群不受國家限制的人，始終操持著自己的規則，穿梭於這片高地之中數百年。

從經商到參軍，重要的是活下去！

那麼，贊米亞人是如何適應高原的氣候與地形生存下來的？

早在十五世紀以前，贊米亞人就組成商隊往來於這片區域，其成員跨越宗教（如雲南的漢人與穆斯林）、族群和社會階層，從百姓到官員，大家全數加入商隊之中。當地的村寨或部落的首領通常擁有自己的商隊，到了近代一九五〇年代左右也與國民黨、共產黨及緬泰的獨立軍合作，一起經營地下貿易，賺取更多錢財。這些商隊又稱為「馬幫」，顧名思義，最重要的元素就是馬、驢子或騾子，贊米亞人依靠這些駝獸們穿梭於高原及山嶺中。隊伍規模不等，但幾乎都有大鍋頭（商隊的總指揮）與二鍋頭（副指揮），以及負責管帳的管事。他們變換著多種語言：雲南話、泰語、緬語與傣族話等等，在不同的村子或市場交易與休息。男人負責運送和交換貨物，女人則多半在家務農、飼養動物，或到市場、家裡附近做生意，也有少部分女性從事馬幫貿易。

他們穿梭在中國及緬泰等地，買賣茶葉、鹽巴、紅寶石、玉石與布匹，從中國雲南到緬甸北部的密支那，因而形成一條名為「茶馬古道」的商貿路徑。這條運送與交易的過程危機四伏，除了需時時提防土匪、山賊甚至同行人的打劫之外，還得應付城裡的官員，他們不僅會向你索取「過路費」，還有可能「扣留」所有商品⋯⋯。為了防範這種種風險，商隊通常擁有武力以自保。部分商人甚至在行前還會先向當地的官員「打好招呼」，一切的努力，就為了順利運送商品到達目的地。

贊米亞人之所以必須從商，是因為高海拔地區能種植的作物實在不多，崎嶇的地形更是需要高超的農業技術和水利設施，芋頭與小米是他們的最佳選擇。然而，如果你以為在山上就只能吃芋頭度日，那可就大錯特錯。還有兩項值錢的經濟作物促使贊米亞向外經商：一個是高山茶（如大家熟悉的普洱茶）；另一個，正是罌粟。罌粟所提煉出的海洛因曾是當地通用的貨幣，純度越高，「幣值」就越高。這些黑金讓贊米亞被外界貼上另一個標籤：毒品天堂。[2]直到戰後，這數百年來形成的高地社會秩序，才逐漸被打破。一九四五年以後，「東南亞」的概念漸漸浮現，各國開始著手脫離殖民母國，逐一獨立；它們也重新繪製國家疆界，計畫打造民族國家。

同時，中國國共內戰的戰火一路延燒到雲南，人們開始逃往鄰近的緬甸、寮國與泰國，更將贊米亞地區也捲入這場戰爭之中。到了國共內戰後期，戰爭完全擾亂了贊米亞原有的社會秩序，國民黨游擊隊大量進駐此地，而無論是國民黨、中共或其他族群的獨立軍等部隊，都在各村寨搶人力、搶新娘。這讓贊米亞的居民練就一身絕技：他們透過裝扮來區辨軍人與百姓，在遭遇軍隊時馬上換裝、扮成軍人，以躲避軍隊的「徵召」。當地因此形成一種特殊的現象：軍服象徵著「陽剛」與男性，少數族群的服飾成則為「陰柔」與女性的代表，服裝，成了展現性別氣質的既定符號。

不過，當然還是有不少居民自願加入這場戰爭、加入國民黨游擊隊，而他們的人生，也隨之走向轉捩點……

這類少數民族服飾的符號在今天臺灣的桃園龍岡或清境農場裡不僅相當常見，甚至成為商業行銷的形象。照片為桃園龍岡的火把節，火把節原是雲南地區少數民族的傳統節日，來到臺灣舉辦時也多了一層「消除厄運、迎向光明」的含義。（國家文化記憶庫，李宜蘭提供）

命運二選一：跨越海峽或是留在高地

一九五三年，緬甸政府受不了從雲南退守緬北、長期滯留於此的國民黨部隊，在緬甸多次向聯合國告狀下，中華民國終於決定將緬北、泰北軍民分做三批撤退至臺灣。在這群軍民與軍眷之中，有不少便是來自贊米亞的居民。他們千里迢迢從高山上來到另一座山地之島，被國家區分為服役者、退伍軍人與軍眷三種身分，以便於人口安置。尚在服役者會被安排到桃園的龍潭與龍岡，而退伍軍人與軍眷則來到現在南投高山上的「見晴農場」及高雄與屏東的交界處。

猜到了嗎？沒錯，這座見晴農場便是清境農場的前身，直到一九六七年才被改名為「清境農場」。攤開見晴農場初期的配置圖，你會發現到處都是規劃給榮民開墾、經營的農地與農場，以及「仁、義、禮、智、信」五莊與壽亭新村、定遠新村和現在依舊有居民生活的博望新村等眷村……。[3] 清境農場，原先根本不是一座觀光農場，而是國民黨游擊隊軍民的第二個家。

然而，這群人明明以國軍或榮民的身分飄洋過海到了臺灣，卻因贊米亞位處高地、「不受政府管控」的背景，讓他們的忠誠度備受中華民國政府懷疑。將他們安置在高山農場上，其實也有國家要監視與控制軍民動向的意味在。同時，為了提高農場效益，政府開始引進美國與日本品種的溫帶水果：水蜜桃、水梨及高麗菜，也曾試圖培育玫瑰、水仙百合與櫻花等觀賞花卉，開發高單價的新產品讓軍民種植，見晴農場更成為每年夏季香水百合主要供應產地。直到一九八〇、九〇年代，由於農業的收入實在不穩定，在政府的鼓勵之下，「觀光」才逐漸成為農民的第二副業，清境農場也漸漸變身成觀光農場，一步步成為我們如今記憶中的「小瑞士」。

而當時選擇留在緬泰邊境的部隊，他們的境遇與來臺者看似相似，卻又截然不同。

當時，緬泰邊境的軍隊大撤退後，蔣介石仍留有一手，留下兩支部隊，一批埋伏在滇（雲南）緬邊界、一批則留在泰北，監視共軍的動向。為了蒐集更多情報，中華民國也聯合原來的部隊，成立臺灣與緬泰之間的武裝情報單位：光武部隊。曾經服務於光武部隊的榮民表示：「來到臺灣雖然有榮民證與百分之十八的退休俸，但生活上仍一切幾乎要從頭開始，不如留在當地生

一九六二年，緬甸軍事強人尼溫（Ne Win）發動政變奪得政權，在其統治下的緬甸，開始邁入軍方專政的惡性循環中。（維基共享資源，Moshe Pridan 提供）

活還自在許多。」這兩支部隊在後期幾乎是依靠自身的實力，在當地落地生根、站穩腳步。

因為，在他們駐紮泰北不久後，此地馬上湧入大批難民。原來在一九六二年，緬甸的文人政府遭軍政府推翻，改由支持共產及民族主義的尼溫上任。他施行的政策及各地風起雲湧的排外運動，讓緬甸外僑苦不堪言，只能想盡辦法向外逃亡，許多華人也因此逃往緬北。

殘酷的是，閩籍華人逃到緬北國境常因沒有親人接應，只能被迫遣返回緬；而滇與粵籍華人則多能順利逃到泰北。此時，原來泰北訓練國民黨「孤軍」的基地，便被大批華人難民塞滿。中華民國向泰國商量，以清邁與清萊兩地作為暫時的難民營（當時的泰國政府也沒有百分之百握有當地的統治權），只不過這個暫時一過就過了數十年，當時村民的後代也早已成了泰國公民。

一九六四年，根據中華民國的調查，難民們總共形成六座難民村，容納近七千人。每座難民村都有村長，也建有廟宇、中山堂、僑校及小型工廠，儼然是座小型社會。難民村維持經濟的方式是種植罌粟、依靠馬幫的走私來交換貨品。雖然當地有警察及難民村自治會維持秩序，但仍不時傳出賄賂、賭博、鬧事與走私等負面消息，也多次被泰國查出走私隊伍偷藏有槍枝、毒品及國家資產。這回，輪到泰國氣得向聯合國告狀，要求中華民國應負責把這些難民「送回」臺灣。

然而，中華民國政府哪裡願意？

國民黨政府雖然高舉「僑鄉」與「自由中國」(Free China)的旗幟吸引當時受東南亞各國排華浪潮的華人難民來臺，但亂開支票的下場就是：臺灣土地及國家經費有限，根本無法容納這麼多人。中華民國也只能想盡辦法，把這些難民留在當地或轉介至其他國家。他們打從一開始就沒有打算處理緬泰的難民問題，甚至在緬甸剛發生排外事件時，政府曾在一場「救濟旅緬僑胞」的會議上提到接濟僑胞只以保護僑領為主，「(難民)萬萬不可來臺！」[4]不過，為了解決當地受國際反彈的毒品及「治安」問題，中華民國在一九六四年後，還是曾透過駐泰大使、中國災胞救難總隊及紅十字會，派人前往難民村探勘當地的情況，並編列經費設置農產加工廠與醫療院所等。

農耕隊、退輔會的榮工處，甚至聯合國都曾協助當地轉作高經濟作物的水果、茶葉，企圖取代那滿山的罌粟花。這項行動也受到泰國當地政府的支持，並在一九六八年實行「泰王山地計畫」(His Majesty King Bhumibol Adulyadej of Thailand)，輔導當地村民種植高山茶及蔬果。因此，曾有一段時間，泰北的難民村轉型為隨處可見到種植高山茶的梯田及茶廠，而現在，則成為一座座觀光農場，與臺灣島上見晴（清境）農場的命運竟不謀而合。

尾聲：穿越國境之人

贊米亞，原先是一塊低地政府難以管轄的異質高地社會；而「高山農業」，因其涉及高度農業與灌溉技術、又與盤點及掌握國家資源的能力非常有關，成了現代化國家的象徵。以專門研究無政府主義的人類學家斯柯特（James Scott）的觀點來看，「高山上的農田」正是國家掌控高地的記號。[5] 各國政府的介入下，泰北的難民村隨處可見高山茶園及菜園、甚至是咖啡園，難民村的茅草屋也早已被新式住宅所取代——甚至它們的名稱，也從「難民村」被更名為「華人村」。

然而，這是否代表，經過數百年光陰，國家力量終於掌控了贊米亞地區呢？這個問題，其實很長一段時間都沒有肯定的答案。

國界以內的泰北確實多少受到現代化國家的掌控，但當地的地下經濟仍然相當興盛。馬幫及黑市貿易仍持續穿透國家的限制，更在一九六〇到一九八〇年代來到最高峰，例如叱吒於贊米亞一帶，令美國頭痛的坤沙（張奇夫）與羅星漢等著名軍閥，[6] 就與馬幫貿易密不可分。事實上，推動贊米亞經濟及馬幫貿易改變的關鍵，不是現代化國家的建立，而是新自由主義影響下的全球化市場。另外，技術的革新也讓馬幫從陸路貿易進展到跨海交易，他們的移動路徑因而從邊境擴展到臺灣、香港與日本，甚至遠至澳洲。

馬幫商人更扮演著傳播文化的重要角色，他們透過商品買賣，交換著中國的熱水瓶、泰國的布匹和緬甸的玉石，甚至是臺灣歌星的錄音帶及瓊瑤小說，串起冷戰到一九九〇年代，華人世界的物質與流行文化，持續打破我們對國界和地圖的想像。

至於那群從贊米亞高山輾轉來到臺灣高山上的軍民，與泰北華人村同樣在現代化國家的介入與限制下，被冠上了新身分。然而，他們隨著清境農場走過一九九九年的九二一大地震，並在社區總體營造的影響下，試圖透過召喚贊米亞精神，以原鄉的文化與節慶元素（如滇緬料理和火把節），再次牽起和原鄉的連結。

或許，他們再也無法百分之百複製贊米亞的家園；但事隔數十年的今天，輪到我們能透過閱讀贊米亞的故事，遙想那曾經既不瑞士也不歐風的清境農場，遙想海的那端，曾經沒有國界、沒有邊境的家鄉。

從滇緬地區的高山來到臺灣的高山，贊米亞人是否真的重新找回了故鄉？照片為緬甸的山區。（Unsplash，Lwin Moe Aung 提供）

1 「贊米亞」是人類學家詹姆斯．斯科特（James C. Scott）提出的理論。他運用地形與生態解釋二次大戰前，將高海拔地區的「贊米亞」（Zomia）形容為無政府主義者的避難所，以對抗低地政權的策略。此理論雖然有許多爭議，也被質疑有過度理想化高地的嫌疑，但仍開啟東南亞研究的新篇章。

2 一九五〇年代過後，各國漸漸興起保護境內資源的意識，不僅將自然資源視為國家資產，更開始限制出口方式。馬幫過去的主要商品礦石、木材與象牙，於是成了非法商品，再加上興盛的毒品市場，在在都讓馬幫貿易轉變成非法的地下經濟。

3 一九六一年，政府實施「國雷計畫」，由專門處理退伍軍與其軍眷的退輔會負責安置這些人口。最初在見晴農場安置二百一十一人，隨著博望與壽亭新村完工，又再安置七十九戶。一九六五年的人口統計中，總共安置了三百七十一人。

4 當時在會議中提到解決方式是：由泰國大使館保存四、五十名僑領名單，必要時會協助這些僑領來臺；其他難僑就轉移至泰、寮地區。外交部，〈救濟緬甸華僑（一）〉，檔案號：11-29-11-07-025，頁五十一。

5 國家因稻田易於計算及產量穩定，而將它作為稅收的來源，這也使得「農業」與「定居」成為國家掌控人民的標準。詳見詹姆斯．斯科特（James C. Scott）的著作，《不受統治的藝術：東南亞高地無政府主義的歷史》以及洪伯邑〈假如我帶著 James Scott 走中橫看台灣高山農業——《反穀》導讀〉。

6 羅星漢（一九三五—二〇一三）與張奇夫（一九三三—二〇〇七）都出生於緬北的撣邦。羅星漢為果敢人，祖先隨南明永曆帝的部將到果敢避難；張奇夫的父系的祖先為乾隆時期，隨商人吳尚賢到緬北撣邦開銀礦，母親為傣族人。他們在早年曾隨著親人經營馬幫生意，也加入過國民黨的游擊隊，並在一九五六年因應緬甸政府的政策，成立地方自衛軍隊，以協助緬甸政府防堵緬共勢力在緬北擴張（張奇夫更曾成立「撣邦共和國」）。自衛隊在緬泰邊境透過運販鴉片以籌組軍費，因此在一九七、八〇年代受到國際以及泰國政府通緝與追捕。詳情可參考王祖旺，《緬甸撣邦風雲人物》（臺北：秋雨文化出版社，二〇一七）與楊淑芬，《孤軍浪濤裡的細沙：延續孤軍西盟軍區十年血淚實跡》（臺北：博客思出版社，二〇一三）。

延伸閱讀

▶ 專書

- 連瑞枝，《明朝統治下的西南人群與歷史：邊疆與帝國之間》，聯經出版（2019）
- 詹姆斯．斯科特（James C. Scott）著，翁德明譯，《反穀：穀物是食糧還是政權工具？人類為農耕社會付出何種代價？一個政治人類學家對國家形成的反思》，麥田出版（2019）
- 楊淑芬，《孤軍浪濤裡的細沙：延續孤軍西盟軍區十年血淚實跡》，博客思出版社（2013）

▶ 故事 StoryStudio

- 吳柏樺，〈來自緬甸孤軍的鄉愁滋味：雲南美食米干湯與堅持掛國旗的信仰〉（2020）
- 徐祥弼，〈一杯香料奶茶，沏著緬甸華僑的祖國鄉愁——中和緬甸街，與她們的反共年〉（2021）
- 研之有物，〈這裡的生活，離不開玉石、毒品和地下走私——緬泰邊境人民的日常〉（2021）

PART IV

冷戰餘波與異鄉日常

一九六〇與七〇年代的臺灣，身處於意識形態對峙的最前線。在國民黨政府的統治下，它成了反攻大陸的軍事堡壘，中華文化的復興基地；在社會科學家眼中，它則是中國社會文化研究的實驗室。臺灣如果不是中國，還能是什麼？就連每座城市的街道名稱，都銘刻著中國的影子，這裡有迪化，那裡有杭州，這邊是重慶，那邊是廈門。

但一旦拋開黨國意識的敘事主軸，我們就會看見，同一時間的臺灣，其實充滿著異文化的流動與互動。戰後的國際移民、知識流通與援助體系，使各種技藝、飲食、文化得以在此地安身立命，他們帶來多元多樣的元素，讓這段歷史遠比幻想中那個單一的「中國」要複雜許多。

第四部分的五篇文章，透過炸醬麵、腳底按摩、命理學與博物館等日常生活的細節，探索當代全球世界如何宛如潛流般，滲入臺灣的日常肌理，各種異國記憶又是如何化作在地文化。

這是不只是中國的臺灣。我們將會發現，就連故宮博物院這樣看似中華文化的代表象徵，也潛藏著全球文化交錯的軌跡。

綠洲山莊

22° 40′24″N × 121° 29′59″E)

圖為綠島感訓監獄。(Flickr，Wei-Te Wong 提供)

MALAYSIA 馬來西亞

GREEN ISLAND 綠島

灰暗的建築物上大大寫著「三民主義萬歲，中華民國萬歲」、「守法守紀，崇法務實」，而在照片看不到的建築物背面則寫著「愛鄉愛國，必須反共」。鮮紅醒目的標語，似乎正以吶喊的聲量威嚇著。

這裡是綠島感訓監獄，又稱綠洲山莊，曾關押許多在威權時代被政府認定意圖顛覆國家的政治犯。戒嚴時期的特殊法律，為威權體制編織可靠的合法性依據，造就人人自危的社會氛圍，也致使無數悲劇故事的發生。這座綠島監獄裡，曾關押一位來自馬來西亞的青年，他的身後就帶著令人無比惋惜的故事——原先是前景一片光明，即將前往英國攻讀學位的成大學生，只是看了份英文報紙，一夕之間就被臺灣政府羅織共匪的罪名，一關就是十二年。

這位青年的生命，後來面臨何種境遇？若往事情更根本處追溯，你或許會問：馬來西亞的華僑學生，為何選擇來到臺灣讀書？而「僑生」這個特殊的身分，為何是國民政府極力招攬來臺的對象？

綠洲山莊

臺灣的監獄，為何關著一縷馬來西亞的魂？從怡保到綠島，僑生的變奏小夜曲

作者／廖品硯

正值暑假，臺灣人紛紛湧入臺東富岡漁港的客船，出航前往由碧綠與青藍渲染而成的度假地：綠島。

不過當遊客們循著環島一圈僅二十公里不到的島嶼，享受著海天一色的景象時，肯定會對島嶼北方、一大片規整而毫無生氣的建築群留下深刻印象。這一大片「白色恐怖綠島紀念園區」，昔日關押了無數政治犯。此地原是稱為「綠洲山莊」[1]的感訓監獄，當年的政治犯們得在酷暑中勞動，或被釘死在木椅上，接受三民主義的「再教育」。

政治犯們在獄中百無聊賴，他們最大的寬慰，無非是交上值得深交的獄友。而在冷酷的獄中，同鄉的地緣情誼，更成為陌生獄友們拉近彼此距離的憑依。

「我臺中大里人，你從哪來？」只見被問話的青年推了推粗框眼鏡，竟為這理應能夠迅即回答的問題而愣住。思索一陣後，青年才吞吞吐吐地開了口：「我……來自馬來西亞。」

怪了，眾所皆知，白色恐怖讓無數臺灣人陷入牢獄之災，但怎麼連馬來西亞人都關了進來呢？[2] 這位馬來西亞苦主，名為陳欽生——他在馬來亞的族群政治與冷戰的臺海對峙中載浮載沉，他與他家族的故事，正是馬來西亞華人的百年縮影。

佇立在綠洲山莊前的大石（上），今日已轉型為人權文化園區（下）。（Flickr，Wei-Te Wong 提供）

英國與臺灣、自由與牢籠的一念之差：陳欽生的前半生

二十世紀初期，清朝末年，陳欽生的叔公攜著陳欽生的父輩十口，從廣東省客家大縣梅縣遠赴馬來亞的怡保打拚，成為英國殖民統

治下的一員。一九四九年，排行第六的陳欽生呱呱墜地。儘管在怡保的生活並不比梅縣輕鬆，但因怡保夾雜英、粵、客的多語環境，再加上後天的努力，十七歲的他中學甫一畢業，即申請上英國的利物浦大學（University of Liverpool）。只不過，由於英、馬學制的差異，陳欽生無法立刻赴英國報到。這時，在同學的慫恿下，他選擇先到手續簡便且學費低廉的臺灣就學，待讀到研究所後再前往原定的英國深造。於是，一九六七年，陳欽生一生第一次踏上臺灣這塊土地。

在臺灣，陳欽生順利考取成大化工系，但人生地不熟、又不諳所謂的「國語」、「國文」，使他的學生生活過得相當辛苦。每當他讀完「國文」寫成的課本後，就會去涼快舒適的美國新聞處，讀讀架上自己熟悉的英文書，作為給自己的一番小小「犒賞」。豈料，就是這生活中僅存的快慰，將陳欽生打進入牢籠之中。

一九七〇年十月，美國新聞處發生了一場爆炸案，而因為出入頻繁，陳欽生成了特務狗急跳牆的眼中釘、嫌疑人。翌年三月，特務不由分說地將陳欽生帶往臺北，接受一連串的訊問、拷打。兩個月後，什麼都不明白的陳欽生，終於被告知案件已破獲、可以回到成大讀書的消息。但等著他的，卻是當局羅織出的「參加共產匪黨」、「意圖以非法之方法而著手實行」

二〇一七年，陳欽生終於獲得成大補發的畢業證書，然而歷史的缺憾真的就此彌補了嗎？（國立成功大學）

罪名，以及漫長的十二年徒刑，和出獄後長達三年的街頭流浪……

判刑距今已過了五十年，有時，陳欽生或許會自問：如果當初去了英國，結局會是如何呢？又或者，留在馬來西亞又有何不可？

但是，回頭來看，處在那個時代、那樣的馬來西亞，陳欽生又有多少選擇？

天朝的棄民、新村的局外人：馬來亞華人的艱困處境

陳欽生究竟有沒有其他未卜的路，這取決於他生在怡保、長在馬來亞的起始條件。陳家之所以從廣東梅縣搬遷到馬來亞霹靂州的怡保，大抵是因為廣東的環境、資源甚少，容不下稠密的人口，導致如陳家一般的大批人口出走。

不過，他們這種受馬來亞當地錫礦工、農工等職缺吸引，而移住當地的中國移民，在清帝國眼裡，可是自願捨棄帝國恩惠的「天朝棄民」，長期被禁止歸返清國。到了清末，接觸到近代外交觀念的清國才開始設立辦事處，稍加管理移民事務。而對於英屬殖民地馬來亞而言，這批廉價華人勞工是群可置之不理的局外人，因此華人移民們泰半與馬來人社會區隔開來，彷若生活在平行時空之中。

直到一九一一年，中華民國建立，國民黨當局開始以血統論的立場，強調這批未曾見過中華民國的華人為「僑胞」（寄居異地的同胞），更以「華僑乃建國之母」的論述，賦予馬來西亞、乃至各國華人移民們崇高的象徵地位。同時，國民黨及後來居上的共產黨，都試圖透過華人組織滲透馬來亞當地社會，讓政治參與度高的華人，潛入馬來亞的政治脈動。到了二戰期間，英國、中國並肩成為盟友，共同對抗日本的侵略。國、共兩黨各自在馬來亞發展的組織，也紛紛在民族主義的號召下，成為抗日的助力。

雖然戰時是共同抵禦日本帝國的幫手，但戰後，當多數華人組織「馬華公會」，與佔優勢的馬來人、英國當局商議去殖民方案時，馬來西亞共產黨（簡稱「馬共」）選擇以組織武裝游擊隊的方式提出訴求。靈活的馬共就此遁入森林，半招募半脅迫地要求森林邊緣的華人聚落提供物資，使得英國當局難以鎖定確切目標下手。

為防堵馬共，當局搬來鐵絲網，強制將可疑的華人聚落一個又一個圈起，再配置軍人實施監控。這被稱做「新村」的圍堵措施，影響了數以

由多數華人組成的馬華公會，是華人重歸馬來西亞政治脈動的第一步。（維基共享資源，Chongkian 提供）

萬計的華人，更等於將馬來亞社會對華人群體的不解與排斥，以鐵絲網的形式具體表現出來。而陳欽生的故鄉獅尾新村，也長期籠罩在如此的緊張氛圍中，直到一九六〇年代才漸漸取消新村的隔離措施。

由此可知，遠渡馬來亞的華人移民，即便扎根數十年，卻始終與馬來社會、英國當局有不少隔閡。不只是新村這種極端的隔離措施，戰後馬來亞確立了馬來人優先的政治格局，並長年實施以馬來人、馬來文為主的公立教育體系，這都在在提示著華人——「你們和馬來人、馬來亞不一樣」。

$ 1,000/=
凡任何一位馬共人員能
够脫離森林把一挺布連鎗帶
出來,或是帶領保安隊伍去將
他所知道收藏的布連鎗發掘
出來,都可獲得一千元的賞金.
獲得一千元賞金
開始新的生活！
馬共紛紛躲入森林發動游擊戰，華人社群是他們的經濟、人力來源之一。圖為當局勸降馬共成員所散布的海報。（維基共享資源）

所以回頭來看五十多年前的陳欽生，當他站在臺灣和英國的十字路口前方，「留在（以馬來人為主的）馬來西亞本地升學」根本不會成為選項。再者，對家境貧苦的陳欽生而言，相較於費用高昂的殖民母國英國，申請容易、補助較多且「同文同種」的臺灣，的確是個誘人的選擇。

國共鬥爭與冷戰的漩渦：身不由己的「僑生」

陳欽生憶及當時，點頭答應同學前往臺灣後，隔沒幾天，同學就領著申請好的資料給自己。就算在今日，出國留學要繳交的成績單、戶口資料、自傳……林林總總各種文件準備起來，想必也得花上好一段時間。但是陳欽生的申請，卻只需數天就核准完畢了——因為在當年，陳欽生在「兩個中國」眼裡，都是十足的搶手貨。

一九四五年後，國共競爭白熱化，戰場不僅是爭誰能掌管神州大陸，爭哪一方才能代表「正統中國」，更要爭誰才是華人社群的唯一心之所向。華人移民的「華僑」身分，遂成為兩個中國政府重要的資本：到底這群海外華人到底是中華民國的華僑，還是中華人民共和國的華僑？

國民黨政府方面，直到一九五三年以前，都沒有積極招睞僑生。儘管僑委會想方設法招生，但當中共早已向港澳、東南亞眉來眼去時，國民黨政府內部意見卻還是一片紛雜。情治機關擔憂「僑生」內混有中共的奸細；教育部擔心招收僑生後，中學端的資源益顯不足；高教龍頭臺大則高舉「大學自主」，不願委屈配合中央統籌。

正當各部門莫衷一是，中共逐漸蠶食鯨吞地招收「僑生」之際，影響戰後臺灣歷史進程的重要因素——美援，為僑委會帶來希望。作為「自由世界」的領頭羊，美國與國民黨政府在僑生問題上利益一致：防堵中國共產黨勢力在各地蔓延。確認彼此的共同目標後，美國大舉挹注資金到高教端及中學端，甚至祭出「招收僑生越多，補助款越多」的優惠。在銀彈攻勢下，各部門均加緊推出升學優惠招收僑生，而最愛高喊「大學自主」口號的臺大，竟招了最多僑生，諷刺地成為美援的最大受益者。

但是，當國民黨政府、各大專院校喜孜孜地數著美國來的鈔票時，來到臺灣的僑生卻充滿困惑。如同陳欽生一般，絕大多數的僑生們在入學報到前，幾乎未曾踏足臺灣或中國大陸——陳欽生甚至在申請之前，連臺灣在哪裡、臺灣是什麼都毫無所悉。但來到臺灣，卻得要接受「廣東梅縣」的「籍貫」，被當成是中華民國本國籍。更淒慘的是，在陳欽生的案子裡，情治機關狡詐地利用「僑生」的籍貫認定，事先擬定「陳欽生承認自己屬於中國籍」的對外說詞，排除他受到跨國救援的機會。沒有身分證也沒有親族，除了來到臺灣就學且長著華人的臉孔，陳欽生和臺灣、和中華民國，確實沒有任何一絲關聯。

陳家為了更好的生活，從廣東梅縣南遷怡保，被捲入馬來亞的族群政治漩渦，使第三代的陳欽生在鐵絲網與警衛的耳目下成長。而長大後的陳欽生，再次為了更好的學習環境從怡保北漂臺南，孰料卻被捲入更大的國共內戰與冷戰風暴中，使得他受困在「自由中國」的「綠洲山莊」，從此只能在燠熱的綠島上，遙想馬來西亞的故鄉。

上｜愛喊「大學自主」口號的臺大，後來反而招收最多的僑生，更以美援經費興建了僑生活動中心（僑光堂）。（國家文化記憶庫）

下｜後來的僑光堂改稱為鹿鳴堂，一度面臨拆遷命運，如今仍是校園中懸而未決的存在。（維基共享資源，林高志提供）

尾聲：如果，有那麼一個多重宇宙……

就這樣，陳欽生在綠島的監獄裡度過了十二年光陰，以學生之姿披上囚服，青春就這樣在獄中磨耗、遠去了。歷史沒有如果，但兩年前的《平行人生 Extraordinarily Mundane》展覽，[3] 便以「若沒有遭遇白色恐怖」為發想，邀請數名政治犯參展，拍攝他們在另一個多重宇宙享受「平行人生」的側影——展覽中的陳欽生身披實驗袍，在堆滿器皿的實驗室內若有所思地望向遠方。他自成大化工畢業後，順利飛往英國求學，回到馬來西亞一面任教、一面陪伴始終支持自己的家人。

而在我們的現實宇宙中，陳欽生歷經牢獄和流浪後，幸運地獲獄友引介工作，並憑藉自身能力當上業務經理，甚至當起頭家。即使晚年有了好的歸宿，陳欽生憶起當年，仍舊認為會認為五十年前決定來臺灣，是「這一生做過最不好的、最錯的決定」。

然而，陳欽生的時空，也並未停格在一九七一年被捕的那天。現在的他，排滿自己的行程，以「生哥」的暱稱活躍於大大小小的場合，分享自己受難、奮鬥的生命故事，讓更多人認識到自由民主的可貴、當年身為外國籍政治犯的困境，同時更是給當年的自己一個好的交代。這樣的生哥，或許就如同《媽的多重宇宙》(Everything Everywhere All at Once) 的主角

Evelyn。在百無聊賴、乃至悲慘的境遇中，每個人或多或少都曾經自問：「如果當時這麼做的話……」不過，到不了別的宇宙，生哥卻總是像 Evelyn 一樣，施展圓滑的功夫。他一次又一次笑臉盈人地分享自己的故事，為的只不過是如他自己所說：

> 唯有透過互相了解溝通，才能帶給社會一個完美的生存環境。

---

1 現今我們看到的綠島人權園區，其實包括一九五〇年代建成的「新生訓導處」，以及本文所介紹、於一九七二年啟用的「綠島感訓監獄」（又稱「綠洲山莊」）。一九七〇年時，由於臺東泰源監獄爆發政治犯刺殺獄卒、逃獄的「泰源事件」，讓國民黨政府決議籌建新式監獄，更密切地監視政治犯。最後，原「新生訓導處」旁的建築，被政府選定、改建為「綠島感訓監獄」，並於一九七二年開始使用，為一九七〇至八〇年代戒嚴時期專供執行重刑及案情特殊之叛亂犯的監獄。

2 我們熟知的馬來西亞（Malaysia），是一九六三年獨立的君主立憲聯邦制國家，包含過去馬來半島上的英屬馬來亞（British Malaya）、砂勞越（Sarawak）和沙巴（Sabah）。後文若提及「馬來亞」，即是指年建國一九六三年以前的「英屬馬來亞」。

3 《平行人生 Extraordinarily Mundane 攝影計畫暨攝影展》，由攝影師黃約農 Dumas、導演吳易蓁等人組成的團隊，於二〇二〇年至二〇二一年期間執行並於全臺各地佈展。他們從「平行時空」的概念作發想，邀請包含陳欽生在內的二十位政治犯或政治犯家屬，拍攝他們活在「一個沒有白色恐怖的平行時空」的模樣。

延伸閱讀

▶ 專書

- 陳欽生自撰、受訪，曹欽榮採訪、整理，《謊言世界　我的真相》前衛出版社（2017）
- 杜晉軒，《血統的原罪：被遺忘的白色恐怖東南亞受難者》，杜晉軒，商務印書館（2020）

▶ 故事 StoryStudio

- 土沃，〈綠蔭的陰影——讀《綠島家書：沉埋二十年的楊逵心事》〉（2017）
- 楊小娜，〈我父親不認為自己有罪，但在獄中的他卻全部招認了〉（2016）
- 林聖峰，〈柯旗化｜「考前讀此書，必能獲奇效！」漫長監獄生涯中，他編出臺灣史上最暢銷的英文文法書〉（2022）

腳底按摩店

（22° 45′32″N × 121° 08′49″E）

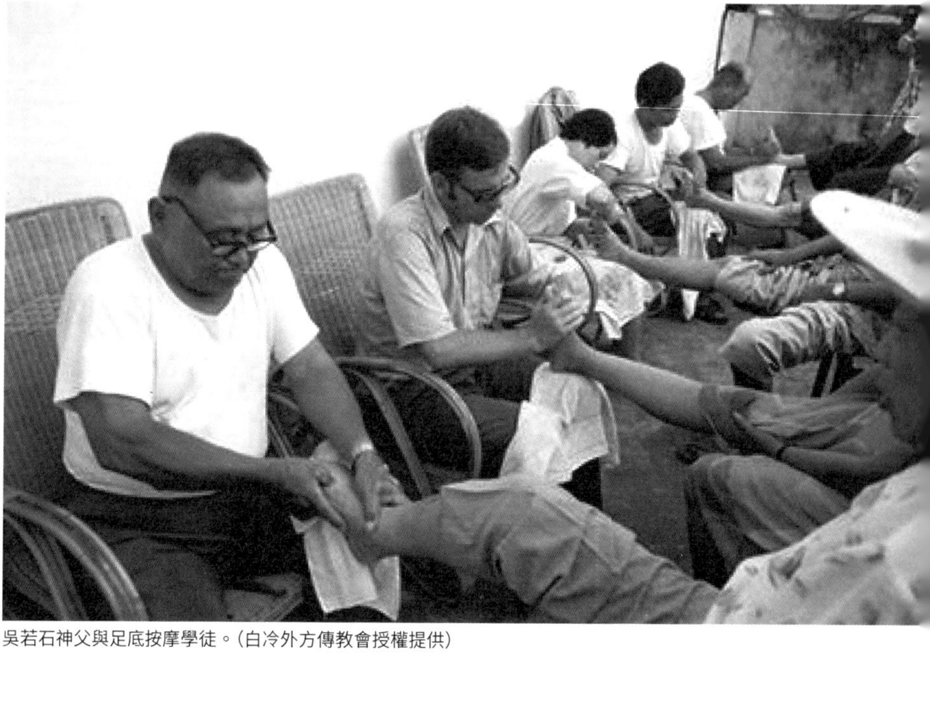

吳若石神父與足底按摩學徒。（白冷外方傳教會授權提供）

SWITZERLAND 瑞士

TAITUNG 臺東

藤椅前的患者舉起腳來，正在由前方的師傅按摩足部——仔細一看，照片中有一位正在施作按摩的師傅，似乎是五官更為深邃的西方人？沒錯，這位外國人跟腳底按摩之間的關係可比想像中深遠，他就是臺灣腳底按摩的推廣者，吳若石神父。從瑞士遠渡來臺傳教的神父，為何後來走上民俗療法之路？一開始只是為教區民眾服務，吳若石或許也沒想到，這項療法後來會在全臺掀起養生熱潮，甚至讓他有機會親自為梵蒂岡教宗按摩雙腳。

許多來臺傳教士會以他們既有的醫療知識改善傳教地區人們的生活品質（例如馬偕與馬雅各），不過吳若石為何選擇了腳底按摩這種來自東方的民俗療法，來幫助臺東的鄉親？

腳底按摩店

臺灣人最愛的足底養身療法，它的發源地其實是……美國？

作者／楊佳平

在臺灣，遍佈街頭巷尾（與地下街）的腳底按摩店，大概是許多疲憊上班族的重要心靈支柱。不只臺灣人，疫情之前更有很多日韓觀光客特地排行程前來體驗一遭，二〇〇八年觀光局甚至臺北小巨蛋安排了一千零八名腳底按摩師傅與旅客，一同打破了「最多人同時體驗腳底按摩」的金氏世界紀錄。

不過，享受著足下之樂的你可能不知道，堪稱是「臺灣國粹」的腳底按摩——居然是由一位瑞士神父發揚光大，更與一個遠在幾千公里外的天主修會有關？在臺灣遍地開花的腳底按摩店源頭，原來既不是中醫、也不是本土民俗療法，而是遠自美國而來的西方醫學理論？

他奇蹟般地活了下來，從歐洲的山來到臺灣的山

一九四〇年十二月，瑞士東邊的一處山腳小村落裡，一個篤信天主教的農家迎來了他們的第二個孩子，約瑟（Josef）。甫誕生的約瑟又小又黑、呼吸困難，差點沒能捱過第一個長夜，就連鎮上醫生都要他父母做好心理準備：「這個孩子恐怕會被主耶穌接回去。」幸好奇蹟發生了。或許是父母焦急的眼淚與虔誠的祈禱奏效，約瑟成功撐過那年嚴冬，並一路成長到十一歲，也就是他人生的轉捩點——遇上了一位白冷會神父。白冷會是何方神聖？全名「白冷外方傳教會」（Bethlehem Mission Society）的白冷會是起源於瑞士的天主教修會，一九二一年由法國籍的神父巴皮耶（Pièrre-Marie Barral）所創立。「白冷」（Bethlehem）之名是取自耶穌誕生之城「伯利恆」的德語音譯，而所謂的「外方傳教會」則是「經過特殊訓練的傳教者被派遣到指定國家宣講救主福音」，白話翻譯便是訓練貧困家庭的兒子成為神職人員，最後離開故土、遠赴異鄉傳教。

從小在天主教家庭耳濡目染的約瑟，就這樣和自己的命運相逢，加入了白冷會。二十多歲時，他摯愛的母親因病去世，痛失至親的約瑟因此決定邁向下一個階段：正式離開家鄉，出國宣教。不過，該往哪裡去才好呢？自忖沒什麼語言天賦，約瑟的第一志願本來是能通歐

語的南美洲，再不然就是已有許多白冷會前輩耕耘的非洲。就在他猶豫的當口，一封遠從臺灣白冷會寄來的信驅散了約瑟眼前的迷霧：「孩子，到臺灣來吧！我也是來自瑞士東部的村莊，如果我能學會阿美族語，那麼你一定也可以。」

是的，臺灣也有白冷會，而且還很缺人手。

事實上，白冷會在亞洲的第一個教區是中國的黑龍江省，一九二六年白冷會在中國東北齊齊哈爾開教，一待就是三十年，甚至還有傳教士形容「黑龍江是白冷會的初戀」。只可惜一九四五年後，國共戰爭開打，共產黨勢力進入東北並逐漸取得優勢，基督宗教也受到強烈打壓，一九五四年四月，最後一位白冷會傳教士離開中國。

他們當中有些人回到家鄉，有些人則跟著國民黨來到臺灣，重新建立根據地。而寄信給約瑟的，便是位已和臺灣原住民打成一片的白冷會神父，他的鼓勵驅散了約瑟對語言的恐慌，促使約瑟決定動身——來到這個遙遠東方的島國。

位於黑龍江的聖彌勒爾大教堂，是白冷會於黑龍江傳教期間所建。白冷會被驅逐出中國後，聖彌勒爾大教堂卻奇蹟似的從文革中倖免，保存至今。(維基共享資源，魏浩楠提供)

「腳底按摩」，和中醫沒關係？

一九七〇年夏天，三十歲的約瑟離開了瑞士、離開他的前半生，輾轉落腳臺灣，並獲得一個道地的中文名字：約瑟諧音「若石」，德文姓氏「Eugster」的U音則轉化為「吳」姓，吳若石。活了大半輩子的吳若石順利在臺灣紮根，並經歷了許多第一次：第一次拿筷子、第一次學臺語、第一次看海，以及，沒錯，第一次的腳底按摩。

轉眼間已在臺多年的吳若石什麼都能適應，唯獨忍受不了因長期水土不服導致的膝蓋關節炎。一次偶然的機會下，他接受另一名白冷會修士薛弘道的腳底按摩，一開始吳若石的感想只有：痛痛痛痛痛，拜託輕點！薛修士神秘一笑，表示他剛剛按的地方是腳底中心，若這個部位很痛代表腎臟出了狀況，而風濕病或關節炎確實常連結到腎臟問題。

吳若石大感驚訝，忙問他：這究竟是什麼新興的治療法？薛修士於是送給吳若石一本書——是一本臺灣民俗療法的書嗎？不是。是一本中醫養身之道的書嗎？不是。

這是由瑞士同鄉海蒂・瑪莎薇（Hedi Masafret）所寫的《未來的健康》（Gesund in die Zukunft）（後來李百齡翻譯為《病理按摩法》）。從這本書開始，吳若石踏入了腳底按摩的世界，說也奇怪，吳若石天天按摩腳底，不久後關節炎竟真的改善許多。這本書、這位瑪莎薇女士，到底是何方神聖？

翻開書的第一頁，上頭寫著：「反射區是神經聚集點，每一點都和軀體其他部分有關聯。這種反射區遍佈全身……而腳是身體所有部位中最被忽視而萎縮了的部分。」（李百齡譯文）原來，瑪莎薇是一位護士，而她所信奉的這套治療方式，奠基於二十世紀初兩位美國醫生威廉・費茲傑羅（William Fitzgerald）和愛德溫・包威爾（Edwin Bowers）提出的「區帶療法」（Zone therapy），又稱「反射療法」（Reflexology）。簡單來說，這兩位美國醫生相信：人的身體可分為十等分，而手和腳也可以區分為十等分，兩者互相呼應；手、腳上的各區帶末梢神經，正可以對應到出了毛病的身體部位——乍聽之下，這和中醫的經絡學有點類似，而這種相似可能來自於費茲傑羅曾在維也納研究穴道和身體器官間的關聯。

無論如何，這是美國社會第一次接觸到系統性的反射學說。在那個醫學已專業化分科的年代，一般社會大眾多對此半信半疑，主流醫學也不信這套。不過，隨著反射療法逐漸在美國傳播開來，也累積了越來越多個案研究，一九三八年，美國物理治療師尤妮斯・英哈姆

吳若石的腳底按摩啟蒙者薛弘道修士（Br. Laurenz Schelbert）也出生於瑞士，一九六七年在另一位白冷會修士的邀約下來到臺灣，從此落地生根。他從小便接觸並學習鐵匠技術，來臺後也致力於教導焊接、木工等，例如在公東高工指導學生製作出聞名全臺、許多醫院搶著要的病床。（國家文化記憶庫）

(Eunice Ingham) 在實驗過數百名病人後，對於腳上各個反射點是對應到人體哪個內臟、器官摸索得相當透徹，自信滿滿地出版了《腳會說話》(Stories the Feet Have Told) 一書。

從那時開始，腳的重要性進一步提升，形成了更為專門的「足部反射療法」。此療法隨《腳會說話》的出版跨洋「說」到了歐洲大陸去，也說到了瑞士護士瑪莎薇耳中；她嘗試把這套美國傳來的足部反射療法運用在遇到的病人身上，最後將「兩歲大的安娜」、「潘神父」、「年輕的足球員」等經驗之談，匯集成《未來的健康》。就這樣，此書隨著白冷會薛修士的腳步飄洋過海，落到了吳若石手中。而這套來自西方醫界的健康療法，居然在這座遠方的小島開啟了第二生命……

昔有馬偕拔牙，今有若石腳底按摩

體會到腳底按摩的好處，興奮的吳若石靈機一動：昔有馬偕靠拔牙傳教，那他也能靠腳底按摩來推廣福音吧！說幹就幹，他捲起袖子開始在臺東寶桑天主堂替人腳底按摩，甚至培訓教友來幫忙。

這套後來逐漸形成體系的「FJM吳若石神父足部反射健康法」(Fr. Josef's Method of

Reflexology)，承襲反射療法的理論，是在足部刺激病理反應區，使身體相應的器官組織產生自我調整的功能，進而改善身體狀況。當然，吳若石本人不是醫生，因此推廣過程中難免遭到教會反對，認為此舉超過傳教工作的範疇；而他的「足部反射健康法」也曾因療效被過度渲染、遭人誤會有顯著的醫療效果，因而一度被衛生署禁止。

一直要到一九九三年，衛生署公告「腳底按摩」屬於民俗療法的一環，吳若石的腳底按摩才得以解禁，繼續在民間散播，並屢屢被媒體報導。在西方，反射療法嘗試透過解剖學、神經學等理論佐證，站穩正統醫學的腳步。而在臺灣呢？吳若石的選擇是因地制宜，吸納中醫養分，參照經脈學說、陰陽五行等中醫理論。或許也正因如此，在臺灣一講起腳底按摩多想到

吳若石曾在臺東寶桑堂區、池上、福建路堂區、鹿野與長濱服務，也時常為教區居民進行足部反射療法。(白冷外方傳教會授權提供)

中醫，鮮少有人知道，臺灣的腳底按摩其實溯及世界另一端的北美大陸。

從此，腳底按摩不僅成為吳若石傳道的方式，更逐漸走出臺東、走進各大都會，數量高達一千五百家以上，步調最快的臺北就佔了三分之一。直到今天，許多腳底按摩店店內仍會懸掛吳若石神父的照片——從一位瑞士農家之子，變成臺灣的「腳底按摩之父」，大概是這位白冷會神父，一生最奇妙的際遇了。

延伸閱讀

▶ 專書

- 吳若石，《知足常樂：吳若石神父回憶錄》，文經社（2001）
- 范毅舜，《海岸山脈的瑞士人》，積木文化（2008）

▶ 故事 StoryStudio

- 陳柏勳，〈來自臺東的抗瘧神藥，曾是全世界夢寐以求的解藥〉（2022）
- 廖偉傑，〈糾纏千年的人類難題：當外來宗教遇上本地信仰，衝突似乎無可避免？〉（2024）

永和中興街

（25° 00′44″N × 121° 31′09″E）

圖為永和中興街一景。（Flickr，chia ying Yang 提供）

KOREA 韓國

YONGHE 永和

在臺灣，哪裡可以買到最道地、最正統的韓式泡菜？新北市永和區，有一條被稱作「韓國街」的中興街，在這裡有販賣韓式食材的雜貨行，也有韓國家庭必備的韓式鍋具和電毯，這條街的騎樓和店鋪門口，更張貼著大大小小的韓星海報。然而這條韓國街，並非因應席捲全球的韓流熱潮而生，而是從一九八〇年代起，就由一群韓國華僑開設至今。他們既非完全的韓國人，也並非生長於中國，更是在戰後才來到臺灣，韓國華僑擁有的微妙身分，以及曲折的生命故事，與韓劇裡的故事精采程度不相上下。

他們是如何顛沛流離來到臺灣？在他們的心中，何處才是真正歸屬的家鄉？

永和中興街

臺灣有條韓國街：美味炸醬麵的代價，是韓國華僑醒不來的異鄉惡夢

作者／姜冠霖

從橘線上的頂溪捷運站一號出口出站後左轉，經過路口的郵局時拐個彎——一抬頭，放眼所見盡是太極旗和象徵韓民族的鮮黃、天藍與桃紅色，於是你便知道，大名鼎鼎的永和中興街到了。這條在一九七〇年代後慢慢蛻變的商圈，儼然是全臺北韓國味最濃厚的所在，因此又以「永和韓國街」為人所熟知。由販賣韓國雜貨的小店、飄香的韓式料理店鋪與掛滿「正韓」女裝的服飾店拼裝而成，走進店舖裡，嚐一碗與維力炸醬麵味道截然不同的韓式炸醬麵，老闆一句道地的「어서오세요!（歡迎光臨！）」，讓人一點都不懷疑，這些店就是由正港韓國人所經營的。

且慢，他們或許不認為自己是韓國人。

若要追溯中興街上多數店鋪老闆的來處，你會發現，他們大多數是來自中國山東的「韓國華僑」（以下簡稱韓華）。如果問一位韓華：「您是哪國人？」得到「中國人」、「韓國人」或「臺灣人」，甚至「以上皆是」的回答都不奇怪。韓華是誰？不是韓國人，如何說得一口流利韓語？中國山東為何會跟韓國扯上關係？而且，為什麼他們最後落腳臺灣？一時之間如泡泡般浮出的各種疑問，其實真實呼應了韓華身分的錯綜迷離。

朝鮮半島曾住著一群「上國之民」

要釐清韓華的身分，我們必須先坐時光機回到十九世紀初的朝鮮半島。

彼時中原霸主還是大清帝國，自視為「小中華」的朝鮮王朝雖然對滿族自稱為是「中華正統」心有不滿，但終究還是屈服在清國的強大之下，向其稱臣納貢，並稱清國為優於朝鮮的「上國」。

直到一八八二年，迅速變化的時局震盪整個朝鮮。由於不滿於昏庸的朝鮮高宗與其妻閔妃讓朝鮮長期受日本掌控、國祚日衰，太上皇興宣大院君發起政變試圖重握國家大權，史稱「壬午兵變」。藩屬國發生政變，大清身為老大當然不能坐視不管，便應高宗請求派兵協助鎮壓叛亂（一行人中最有名的就是袁世凱）；但清國可不打算空手而歸，最後趁亂迫使朝鮮簽下《朝清商民水陸貿易章程》的「不平等條約」，取得在朝鮮的領事裁判權、海關監管權等，又在仁川一帶設立了租界。

這意味著什麼呢？根據該章程，漢城（今首爾）首次開放讓清國人定居與經商，原本為了協助清軍行軍而隨軍來朝的清商，便乾脆長駐朝鮮，與當地人有了貿易來往，成為今日韓華的濫觴。

作為「上國之民」的清國商人們，在仁川租界內能享有外交、司法與關稅減免種種特權（根本是惡霸啊），這等好康讓山東青島一帶因地利之便移入仁川經商的人數與日俱增。常駐朝鮮的清國商人們久而久之成了韓國華僑，此時的韓華受清國駐朝鮮總理大臣袁世凱的庇蔭，幾乎壟斷了全朝鮮的日用品供給及進口業。同時，作為藩屬國，朝鮮官民口中稱韓華為「大國人」或「清商」，並以最高禮遇對待之。此時期的韓華在朝鮮混得可謂風生水起、樂不思蜀，可惜好

在壬午兵變中，日本公使館的領民遭到亂軍攻打，日本官員急忙逃竄。（維基共享資源，由歌川国松所繪）

景不常，大清帝國很快便無法再庇護他們了。

在太陽旗的陰影下，韓華該何去何從？

一八九四年，日清甲午戰爭中清國大敗，《馬關條約》的簽訂使清國退出朝鮮半島並承認朝鮮獨立，取而代之的，是大日本帝國的太陽旗。日本勢力大舉進入朝鮮，清國與朝鮮的不平等條約也被實質受日本控制的朝鮮當局廢除，同時制定全新的「清商保護原則」：日本不只廢除韓華商人的種種特權，更追加許多針對韓華商人的限制。轉瞬間，韓華便從「上國之民」跌進「戰敗國」遺民的深淵。

到了一九一〇年日本正式殖民韓國後，為了推進朝鮮近代化，統治當局才再次開放大量華商與勞動力來到朝鮮半島。一九一〇年到一九二〇年這短短十年間，定居朝鮮的韓華人口從原本的一萬多人倍增，短暫居留的華人也增加到二十多萬人，幾乎壟斷了朝鮮半島與清國及後繼者中華民國間的貿易。一時之間，朝鮮全境的納稅大戶幾乎全是韓華商人，勢力之大就連日本政府都不得不提防。

衝突就在一九三一年爆發了。當時，日本刻意介入了一起發生在中國東北萬寶山地區，朝鮮人佃農與中國人地主的土地糾紛，後又指示《朝鮮日報》報導了一則「在中國萬寶山有八百名朝鮮人被殺」的假新聞，成功點燃朝鮮人的怒火，引發朝鮮境內排山倒海的排華運動。許多韓華因此被朝鮮人當作洩憤對象遭殺害、搶劫，中華民國在韓領事館甚至一度收容了超過韓華人數三分之一的難民，史稱「萬寶山事件」。從此以後，韓華在朝鮮的地位一落千丈，許多人選擇返國離開傷心地。

同年九月，中日戰爭爆發，又掀起一波韓華返國潮，

中方描述萬寶山事件的漫畫，直指朝鮮總督府挑動排華情緒。（維基開放資源）

而剩下那些沒來得及第一時間趕回家、留在朝鮮半島的韓華，則因中日戰爭日漸白熱化而無法歸國。儘管已在朝鮮半島生活了超過半世紀，戰爭期間韓華卻淪為「敵國國民」、被朝鮮人仇視，幾乎喪失所有經濟地位。

就連能否不受歧視地生存下去，都成為一大問題。

連一碗炸醬麵都要賣不出去的日子

苦撐至二戰結束，韓華的未來終於看見一絲曙光。

戰後，朝鮮半島以北緯三十八度線為界被社會主義與資本主義一分為二。南方的大韓民國在光復初期物資極為匱乏，韓華憑藉著與中國的連結，再次成為中韓間的貿易橋樑，恢復了經濟上的優勢地位。再加上此時中國國共內戰爆發，許多山東省內未能與蔣介石一同逃到臺灣的中華民國國民，只得倉皇逃到朝鮮半島。受經濟地位恢復與難民潮的影響，韓華人數大幅增加到一九四八年的八萬餘人新高。

那些年的日子並不太平，一九五〇年韓戰爆發，在國共內戰經歷共產黨追殺或日帝時期在朝鮮不受歡迎的韓華，多有對「中華民國」強烈的認同感與反共意識。許多韓華因此選擇站上前線，憑藉著中韓雙語技能擔任韓戰盟軍翻譯官，或甚至自願參軍，以「盟國」國民之姿隨軍隊出兵對抗北韓。

好不容易能在韓戰中以盟友身分協助南韓反共，沒想到還是出了問題。韓戰後期，中國共產黨選擇抗美援朝、加入戰爭，使韓國人對同為中國人的韓華備感不滿。韓華長期在韓國從事商業買賣、開餐廳賣炸醬麵（山東人嘛！）以及經營中醫中藥等，而韓國第一任總統李承晚在執政期間立法壓制外國人勢力，其中包括禁止外國人在韓國從事商業活動、強行制定炸醬麵價格，甚至禁止外國人擁有土地。雖然看似是在保護韓國人的利益，但當時韓國境內百分之九十的外國人都是韓華，其針對性之強簡直昭然若揭。

韓國政府對韓華的打壓政策一直持續到一九九〇年代，面對在韓生活大不易的強大推力，大量韓華陸續選擇移民美國或者「回到祖國」——這個祖國，也就是中華民國，目的地是臺灣。直到今天，依然居住在韓國的韓華僅剩兩萬餘人。

如今作為韓國文化代表的炸醬麵，其實也是百年前山東移民帶去仁川的異國飲食。（維基開放資源，Choi2451提供）

一九八〇到一九九〇年代是韓華移居臺灣的全盛期，國民黨政府利用僑務政策特惠韓華子女在臺灣就學，協助成立韓國華僑協會，並以只要居留臺灣短短一到兩個月便能領取身分證等福利吸引華僑來臺。在韓國難以取得公民權的韓華自然更願意移居臺灣，即便臺灣不是他們真正的家鄉，但基於對中華民國與國民黨政府的認同，「自由中國在臺灣」對韓華仍是莫大的誘惑。臺灣，對他們來說是或許是下一個安身立命之處。臺灣最早進口韓國商品的地區是位於永和竹林路上的南山商店，這也是韓華聚集來臺的第一個據點。初來乍到臺灣的韓華，憑藉在韓國的人際連結，迅速掌握了幾乎全臺韓國商品的進口。一九七九年以後永和中興街拓寬，韓華的店家很多都選擇遷入街道和店面新穎、店租又較低廉的中興街，就這樣一步一步，打造出我們今天所知道的「韓國街」。

尾聲：沒有戶籍的護照

左列各人屬中華民國國籍：一、生時父為中國人者。二、生於父死後，其父死時為中國人者。三、父無可考或無國籍，其母為中國人者。四、生於中國地，父母均無可考或均無國籍者。——一九二九年，中華民國《國籍法》第一條根據戰前中華民國《國籍法》的規定，即使不在中國出生，只要有辦法證明父系是中國人血統，都能算是華人、華僑的一分子，能夠申請成為國民並領取中華民國護照。而根據僑委會二〇二〇年統計，目前全世界共有高達四千九百三十三萬名海外華人，而且這個數字還在年年上升中。

過去，因韓國是屬人主義、入籍不易，再加上韓華普遍對中華民國抱有強烈認同，許多居住在韓國的韓華至今依然只擁有中華民國護照。但儘管海外華僑申請得到護照，與臺灣本國人護照的功能仍有所差異。這本專門發給海外華僑的護照被稱作「無戶籍護照」，它既不能自由進出臺灣（要申請類似簽證的入國證），也沒有永久居留權。

而在臺灣，韓華是受《出入國移民法》管理，未正式入籍前沒有兵役義務、但也沒有健保，出國沒有免簽優待、甚至在臺違法還可能被驅逐出境。所以說韓國華僑在臺灣幾乎可以說是持有國籍，但待遇卻等同「外國人」的存在。

自清國以來，許多韓華其實終其一生不曾踏上中國、或者中華民國在臺灣的土地，世世代代

韓國漢城華僑小學，是首爾華僑孩童的教育中心，與曾經的中華民國大使館、今天的中國駐韓大使館只有一牆之隔。(維基共享資源，Noulovanarderso 提供)

都在朝鮮半島出生成長，然而他們卻對「中國人」的身分更為認同。至今依然居住於韓國的他們，要面對的是民主化後經濟蓬勃發展的韓國，與反抗大中華認同的臺灣本土民族意識興起——韓華究竟是韓國人、中國人還是臺灣人？全新的身分認同問題，再次拷問著這個顛沛流離族群的下一代。

而落腳臺灣的韓華又是韓國人、中國人還是臺灣人呢？答案，或許飄散在韓式炸醬麵的裊裊香氣中。

延伸閱讀

▶ **故事 StoryStudio**

- 楊智強，〈「我們是沒有國家的人，不被任何地方承認」—— 韓國華僑，飄泊在歷史洪流裡的無根民族〉（2018）
- 小松俊，〈誰發明了部隊鍋？韓戰的痛苦記憶，催生出午餐肉與韓式辣湯的「韓美混血」結晶〉（2022）
- 李律，〈當過客落地生根——1940年代隨國民黨來臺的這些人，如何改變臺北的模樣？〉（2022）

龍山寺

算命街

（25° 02’14”N × 121° 29’59”E）

圖為艋舺龍山寺。（維基共享資源，Goranq 提供）

BEIJING 北京

LONGSHAN TEMPLE 龍山寺

這間歷史悠遠的廟宇自乾隆三年（西元1738年）建立，從那時起就承載著臺灣人民的祈求與信念。數百年來經歷天災、戰爭空襲，數次的政權更迭，龍山寺也見證了整座臺灣島的歷史。

如今艋舺龍山寺外頭來往的人潮形形色色：有來此一睹名勝古蹟的外國遊客，在艋舺公園中生活的街友，也有虔誠參拜的信眾。在信仰之前人人平等，無論階級與國籍，在命運之前總是得低下頭，若是心中有所相求，誰都得向寺中的菩薩虔誠祈願。不過除了向神明許願，許多人更想提前知曉未來會發生的事情，掌握命運；算命，便是因應這樣的需求發產而出的行業。

日治時期開始，龍山寺周邊就已聚集許多命理師，隨後經歷都市規劃、龍山寺地下街的建設，才發展出今日艋舺公園底下的算命街。臺灣人對命運的執著，使得形色各異的命理方式蓬勃發展，其中「紫微斗數」便是其中之一。這項承繼傳統中國文化的命理之術，如何在戰後臺灣開啟它的當代版本，在一九八〇年代大為流行？當時的人們又為何熱衷於探聽自己的未來命運？

龍山寺算命街

紫微斗數的奇幻漂流：以臺灣為據點「反攻大陸」的命理術

作者／亞寧

年節已至，綜觀世界各地的歷史、信仰與文化，新年伊始恰是人們許下願望、祈求好運的絕佳時機。以傳統習俗來說，從大月初一到元宵節為止都算是廣義的「過年」，無論是要遠行迎春、走訪寺廟或卜算運勢，年節這段日子，都再適合不過了。而說到卜算運勢，眾多善男信女流連忘返之處，就是我們今天的主角——萬華的龍山寺算命街。在這艋舺公園正下方的地下商場中，無數算命占卜的店舖齊聚一堂，它們與龍山寺比鄰而居，善惡忠奸、賢愚悲歡，一切都在中殿的觀音菩薩眼中。

在這裡，一支一支在點的是煙也是香、一杯一杯在乾的是酒也是茶，更有一些你可能不知道的故事，從中國到臺灣、再回到中國與東南亞，氣運流轉不絕，命數綿延不斷……

想解答你的人生疑惑，就該來算命街一條龍

故事的開始，得從與算命街有著千絲萬縷關係的龍山寺談起。

龍山寺的眾神已陪著萬華走過百年，它本是間佛教寺院，主祀的神明是觀音，後殿奉祀的眾多神祇則是儒教和道教信仰的匯流。而在一八五〇年代前，淡水河的淤積尚未如此嚴重，商船還能開入艋舺。商戶為了祈求行船平安，因此祀奉天上聖母，並順道請來最講義氣的關二哥保佑。同時，若居民生了病，廟裡還有華陀仙師可依靠。祂生前很會治病，死後大概也會！就算祂不會，至少藥籤會：人們會在寺中求得藥籤後，轉往青草巷抓藥，看吃藥之後能不能好轉。如果好了，過兩天就去獻花、酬神；如果沒好？沒關係，龍山寺裡也有地藏王菩薩和城隍。無處安放

日治時期的龍山寺。（開放博物館，中央研究院數位文化中心提供）

的靈魂們，在地藏王普薩與城隍爺的庇蔭下，將會得到永久的寧靜與安息。

然而，眾神眼中的時空或許是無垠的，可人們眼中的卻不是：我們苦於愛別離、怨憎會、求不得。於是，在生與死之間的一個永恆命題，變成了偉大的商機，於龍山寺社群中落地生根：要怎樣才能活得好？想回答這個問題，在今日，我們有各式各樣的專家可以請益，而在古代，通常只需要找一種人：命理師。當時，一位合格的命理師需要學會東方五術，也就是：山（風水）、醫（中醫）、命（算命）、相（看相）、卜（占卜）。

由於龍山寺一帶人多、病多、問題更多，所以負責解答的命理師也多。早期命理師在龍山寺旁齊聚，一九二〇年代開始，因日本政府執行市街重整、市容更新等計畫，加上戰後龍山寺地下商場完工，龍山寺周邊的相命攤位不是轉移到其他區域，就是索性進入到地下商場，繼續與其共生。作為一條算命街，龍山寺算命街的服務相當完整：

在龍山寺參拜完，從艋舺公園側的捷運入口進入地下街，你將會在右側看見一整排命理攤位。算完了命，是不是得開點運？對面的商舖就是開運晶石與首飾。疑惑開了、運也開了，好像就剩身體不太舒爽；沒問題，上捷運前的最後一站就是按摩推拿站！這不但是段從神到人、從內在到外在的療癒過程，更是幾百公尺的開運一條龍。

命運多舛！紫微斗數在中國

而在龍山寺算命街的各色算命術中，最值得一提的，莫過於「紫微斗數」了：它的流傳和流行與臺灣大有關係，過程可謂曲折離奇，翻過好幾個山頭。紫微斗數當然不是臺灣的產物，它的發源地是中國。明清以來，八字素有「算命之王」之稱，與面相、易經合稱命理顯學。然而，一個後起之秀在這幾十年異軍突起，它，正是紫微斗數。紫微斗數依照出生年、月、日、時落定十四主星、生年四化、各級輔星、神煞等……這些術語聽起來艱深難懂，翻譯過來大概是這樣的：

在紫微斗數的想像中，每個人都是一片小星空。十四顆主星分別是十四位個性不同、特質各異的守護神，其餘神煞則是祂們的幕僚。就像是復仇者聯盟的超級英雄們，眾星也會理念不合、特質相沖。因此，命理師們可以根據眾星座落在命盤上的位置，推敲出人的運勢與個性。

然而，紫微斗數為什麼一直沒有紅起來，直到後來才彎道超車呢？主要的原因有二，一說是紫微斗數為與曆法頒布息息相關的帝王學，嚴禁民間學之。另一說則是紫微斗數系統對明清內閣制多有影射，如「紫微星」代表皇帝、「天相星」為決定人事晉用的吏部尚書、「天機星」為協助決策的內閣首輔等。這些星象不但可能被用來譏諷時政，更常被用於宗教或流寇起事中，因此長期以來被官方視為禁術。雖然在漫長的時代更迭中，從朝廷逸散到民間的

相傳紫微斗數是道教的陳摶老祖陳希夷所創。（維基共享資源）

天文學知識與五行、八卦、陰陽和干支等系統彙整後，民間也陸續推出不同宗派的紫微斗數，私下流傳；但在官方眼中，他們依然認為民間的命相之術妖言惑眾，不利於當局統治。

「砰！」

而後，革命的槍聲響起、帝制倒下了，可威權的陰影卻站在德先生（民主）、賽先生（科學）的肩膀上繼續盤踞於民國中國上空。到了中共當政後，星命理論不僅被打成封建迷信，更被政府當局視為是反革命者影射時政的工具之一。

來到臺灣又重返中國，紫微斗數的奇幻之旅

在中共的陰影下，許多身懷異術的相士逃往了臺、港、澳乃至於東南亞各地，默默傳承了一段時間。而在臺灣，隨著一九七〇、八〇年代經濟起飛、股票飛漲，刺激了種種消費娛樂，算命也是受益者之一。紫微斗數在一九七〇年代的臺灣似已有復興之勢；而從出版刊物來看，相關叢書的首次大量出版則出現於一九八〇年代。

當時，許多名師、半仙會互相推薦客戶，出書時幫彼此寫序，平時更會通郵交流，儼然形成一個跨越臺灣南北的命理社群：他們不只討論嚴謹的五行生剋、陰陽變化等學理，還樂於接地氣，討論一些客戶們真正關心的議題，並寫入書中作為命例：

「哪些星系組合的人買股票隨便買都會發財！」

「哪些星系組合的人是文昌轉世，適合考公務員！」

「哪些人見異思遷、用情不專，結婚後超容易外遇！」

加上八〇年代興起的大家樂、簽賭和求明牌風潮，命理學叢書迎來了空前盛世：比起易經各派駁雜深澀，四柱八字難學難精，手面相、姓名學跟風水堪輿各有其侷限性——什麼都能解、什麼都能算，能算運勢又能看透你個性的紫微斗數，成為命理老師瘋狂進修、命理愛好者樂於付費的當紅炸子雞。畢竟，誰不想知道自己能不能發大財、官路亨不亨通、能否找個好伴侶過一生呢？

待命理節目開播、網際網路流行後，臺灣的命理師們更是腦筋動得比誰都快：他們跟著臺商的腳步一前一後，重新回到了紫微斗數的故鄉——中國。改革開放後，中國一部分的人確實富了起來，富了之後自然就開始追求精神上的享受。可是，經歷了數十年唯物無神論洗禮的他們，要相信什麼、享受什麼呢？很多人起初以為可以擁抱自由和民主，可那些人如果沒有跟著王丹、吾爾開希走，就多半留在那個時代，再也沒離開過了。既然「經右政左」是當局的底線，那麼灑點錢，問問怎麼發財、怎麼開運、怎麼修行總可以吧？

此時，帶著滿滿中華價值的紫微斗數登陸，配合著中共當局希望復興中華民族文化的氣象高歌猛進，用資本主義的模式殺入了共產黨領政的社會裡。

比如近年來，在過了官方審核的APP裡頭，可以禮敬的仙佛旁邊默默多出許多開運符咒、算命程式：想想看，觀音拜得好好的，突然跳出一個全屏廣告，推薦你算流年運勢，算完了還順便推銷你一個南海普陀觀音的加持量子佛珠。一個不留神，還真的就以為這觀音是南海的、南海是中國的，所以觀音是中國的本地神了呢！

隨著臺灣經濟起飛、社會越加繁榮，算命的風潮也跟著席捲而來。（維基共享資源）

除了龍山寺外，各地其實都有算命街，比如行天宮地下道的算命街也相當知名。（Flickr，Ann Lee 提供）

疑惑永無止盡，算命卜卦不會死去

除了中國之外，臺商的腳步——亦即紫微斗數的腳步——也遍及香港、澳門和東南亞。在香港、澳門，當地除了有黃大仙信仰配上鐵板神算作為堅實後盾，港澳還有從中國革命、二戰乃至於共產黨當政以來就不斷遷來的各方高手，九宮飛星、八字、易經和大六壬等傳承未斷，算命文化的防禦力相當堅強。直到二〇一〇年中資南侵後才敗於多面夾殺，最終被體系更為完整、什麼都沾了一點的紫微斗數正式侵佔。

而在東南亞，當地則有巫蠱、降頭術、四面佛與在地信仰、印度教密儀和小乘佛教密儀有關的神秘學傳承在，即便紫微斗數帶著強勢的文化侵略性入侵，當地華人也因為原鄉情節、文化相近而多有親近之感，但在這場信仰與文化的戰爭之中仍有還手之力，直到今天都還互別苗頭。

靜靜跟著龍山寺駐守在萬華、看望著人們疑惑的紫微斗數，就這樣在短短四十年內，順著自由貿易、戀愛自由和職涯多元所生的種種疑竇，帶著開運晶石、能量水甚至是量子佛珠，文化入侵了中國與東南亞。說來有趣，越是經濟發達、選擇自由、科學理性的時空，人們面對的疑惑好像越是巨大而空洞。或許，這也是龍山寺與其算命街至今都還矗立在臺北市內，並且人們路過算命卜卦攤販時，總忍不住駐足停留的原因吧？

延伸閱讀

▶ **故事 StoryStudio**

- 陳映禎，〈科學的民俗觀察——立石鐵臣與《日食龍山寺》〉（2016）
- 宋彥陞，〈艋舺龍山寺：寫下半部萬華史的宗教觀光勝地〉（2016）
- 陳韋聿，〈改名、開運、星座運勢……為什麼社會越現代，大家反而越愛「算命」？〉（2022）

故宮

（25° 06′08″N × 121° 32′54″E）

本圖為故宮博物館館藏。

MEXICO 墨西哥

SHILIN 士林

　　這是一面藏於故宮中的鏡子，若靠近一點觀察，可以看到烏亮的鏡面之下煙霧般的紋理。曾經，它是清朝皇帝的收藏，它的烏黑與神秘，讓乾隆皇帝也留下詠歎它的詩句：「內藏沉埋久，中人弗識之。那知黑可鏡，惟貴白如脂。」不過，這面鏡子從何而來，又是何種材質製成，連順治皇帝都不甚了解，他們只將它當作美玉製成的器物玩賞。它的身世之謎，一直要到這面鏡子隨著故宮文物篇洋過海來到臺灣，才有機會獲得解答。二〇一五年，一名細心的故宮研究員，對於這塊玉鏡的材質感到懷疑，於是對其展開一系列專業的研究與調查，沒想到，卻發現驚人的事實：這塊黑色的鏡子，或許是來自古文明阿茲特克帝國的寶物⋯⋯。

故宮

塵封在臺灣博物館裡的神秘黑色鏡子，居然是阿茲特克帝國的預言之鏡

作者／馬雅人

國立故宮博物院裡，藏著一面比人臉還大、黑黝黝的圓形石器，帶有一個穿孔的突柄，表面還有多處刮痕，乍看之下辨認不出是個什麼物品。但再仔細一瞧，打磨地光滑澄澈的石頭表面似乎能反射出觀者的倒影，莫非……這是面鏡子來著？

沒錯！這不但是面鏡子，還曾擁有不只一個名字，背負著大有來頭的身世。

故事的開頭是十七世紀的遙遠清朝宮廷，當時，順治皇帝看著這面遠方進貢的陌生鏡子，困惑於這深邃的黑鏡到底是用什麼做的，命宮中的歐洲傳教士湯若望鑑定一二。湯若望研究一番後回答：鏡子是用大西洋的「赫仁」、「亞里嗎」兩國盛產的「巴薩勒得」製成的。

巴薩勒得，其實就是玄武岩 Basalt 的音譯。大西洋的「赫仁」與「亞里嗎」兩國，也就

西方人想像中的湯若望與順治帝，後者被畫的宛如土耳其王公。（維基開放資源）

是今天的希臘和德國地區。獲得解答的順治滿意了，後來在乾隆和道光時期，兩位皇帝也在欣賞此鏡後，紛紛寫下〈詠黑（烏）玉鏡〉，留下「那知黑可鏡，惟貴白如脂」的詩句。

到了民國初年，清宮善後委員會在清點文物時，沿用湯若望的說法及道光皇帝的稱呼，將鏡子編目為「烏玉鏡」。在那動盪的年代，「烏玉鏡」與其他文物一樣展開不斷流浪的命運，先是隨著中日戰爭爆發撤退到「大後方」，又因繼之而來的國共內戰隨故宮一同轉移到臺灣，最後才在外雙溪的展示櫃中落腳。

數十年來，從歐洲來的「烏玉鏡」就是它的名字。然而，二〇一五年，臺灣研究員卻發現，烏玉鏡的真實身分壓根不是玄武岩——原來湯若望跟善後委員會根本搞錯了？

此烏玉非彼烏玉，揭開烏玉鏡的身世之謎

二〇一五年，臺北故宮博物院的陳東和、吳曉筠研究員利用科學儀器，發現烏玉鏡並非玄武岩，而是俗稱火山玻璃的「黑曜石」；所謂的烏玉鏡，實則是來自中美洲的「黑曜石鏡」。這項發現可不得了，不久之後，展櫃上的名牌也跟著換成了「阿茲特克帝國黑曜石鏡」。稍等一下，實際上，中美洲各個古文化都以黑曜石加工聞名，且義大利、冰島和匈牙利等地也都有出產黑曜石。那麼，究竟該如何確定，臺北故宮的黑曜石鏡真的是來自阿茲特克帝國呢？

受限於文獻資料，我們無法確定這面鏡子是何時來到中國、由誰帶來又為何帶來，研究者僅能以類型、風格比較的方式，來推論臺北故宮藏品的身世。研究人員比較大英博物館所藏、十六世紀英國神秘學家約翰•迪伊（John Dee）所使用的阿茲特克黑曜石鏡，發現兩者的器型、風格和材質幾乎一模一樣，也和古代阿茲特克帝國遺留下來的器物相似。他們由此推斷：雖然還沒能找到一錘定音的證據，但臺北故宮的黑曜石鏡，很可能就是來自阿茲特克

伊麗莎白一世的顧問兼神秘學者 John Dee，收藏了包括這面黑曜石鏡子在內的各種神秘小物，據說 Dee 還利用它施展通靈術。（維基共享資源）

帝國。

到了二〇二一年，事情又有了飛躍性的進展。

由曼徹斯特大學斯圖爾特・坎貝爾（Stuart Campbell）領軍的一群學者分析了大英博物館蒐藏的黑曜石鏡，將之與幾個黑曜石產地的樣本進行化學分析，大致上確認約翰・迪伊的黑曜石鏡，來自墨西哥伊達爾戈帕丘卡（Pachuca）地區。而無論是陳東和或坎貝爾的研究都有附上元素含量數據，臺北故宮提供的是重量百分濃度，大英博物館的標本是氧化物的ppm（百萬分之一）。只要善用高一化學教過的重量百分濃度換算 ppm 算式並去除氧化物所佔的重量，就可以比對臺北故宮的樣本與坎貝爾的樣本，進而推知臺北故宮的黑曜石鏡是從哪兒來。至此，終於揭開臺北故宮黑曜石鏡之謎：臺北故宮黑曜石鏡的石材，與大英博物館的黑曜石鏡一樣，都是來自墨西哥帕丘卡地區！我們終於可以確定，臺北故宮黑曜石鏡的根，正是太平洋彼端中美洲的阿茲特克帝國。

所以說，中美洲的黑曜石鏡到底是何方神聖？事實上，在中美洲古代文化裡，「鏡子」有著舉足輕重的地位，既是宗教儀式的一部分，同時也是統治者與貴族的身分象徵。

不過，在阿茲特克帝國興起之前，奧梅克、馬雅等中美洲文化其實很少用黑曜石來製作鏡子。雖說在許多陶器上描繪的宮殿場景中，統治者或貴族總是使用看似黑曜石的黑鏡，不過考古挖掘出的則大多數都是黃鐵礦製成的馬賽克拼貼鏡。到了阿茲特克人稱霸中美洲的時代，他們才開始改用黑曜石（Obsidian）作為製造鏡子的原料。不同於馬雅人以黃鐵礦拼貼，阿茲特克人的鏡子是拿整片黑曜石下去打磨，黑洞一般的清亮鏡面，顯得更加神秘。

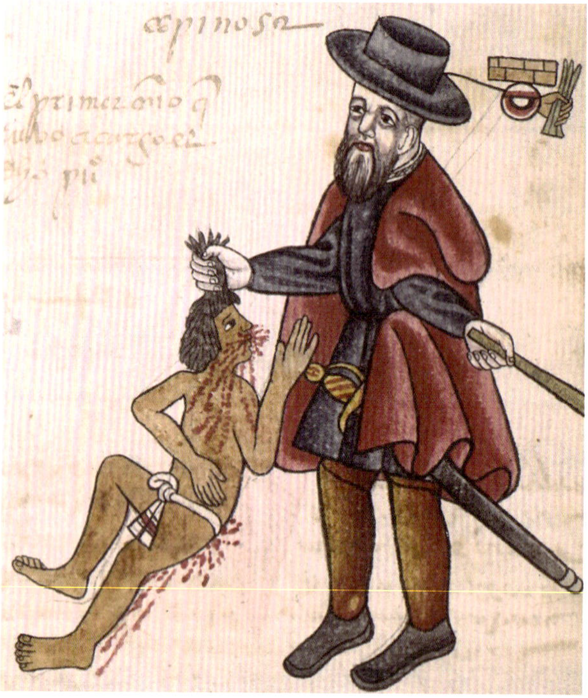

金斯伯格手抄本（Codex Kingsborough），裡頭紀錄的是 Texcoco 城邦東北的 Tepetlaoztoc 的供品清單，於西班牙人征服後抄寫，不但提及西班牙人凌虐當地人的情形，也有記載黑曜石鏡。Tepetlaoztoc 與前面正文提到的、臺北故宮和大英博物館黑曜石鏡原料來源的 Pachuca 都是位於同一個行政區，此區盛產黑曜石，貢賦主要繳納給三城同盟的 Texcoco，由此推測，或許臺北故宮的黑曜石鏡就是來自 Texcoco 城邦。（維基共享資源）

那麼，黑曜石鏡在阿茲特克文化中，又扮演什麼樣的角色呢？想回答這個問題，勢必要提到墨西哥的主神之一：特斯卡特利波卡（Tezcatlipoca）。Tezcatlipoca 一詞的意思其實是「煙霧鏡」，而這「鏡」指的就是黑曜石鏡。

在阿茲特克的宗教信仰中，特斯卡特利波卡是一位無所不能的神祇。他不但參加創世，還與羽蛇神、大地怪獸有過激烈的衝突。在與大地怪獸的衝突中，特斯卡特利波卡斷了右腳，他的腳，從此變成了一條蛇與黑曜石鏡。

仔細觀察特斯卡特利波卡的畫像，我們可以看到他身上綴有許多

阿茲特克文獻博爾希亞手抄本（Codex Borgia）中的特斯卡特利波卡畫像。（維基共享資源）

描繪著卡維爾神的馬雅陶器。畫面左方是卡維爾神，他的額頭頂著黑曜石鏡，火焰從額頭噴出；右腳則是一條蛇，蛇身纏繞著一位女性，種種特徵都讓人懷疑他與特斯卡特利波卡神的關聯。（維基共享資源）

黑曜石鏡，比如頭上頂著一面裝飾著「水」（Atl）符號的圓形黑曜石鏡，腰間還有個裝飾著石刀（Tecpatl）的黑曜石鏡。

這種「冒煙＋黑曜石鏡＋下半身有蛇」的組合，不禁讓考古學家聯想到千年前古典馬雅時期廣泛流行的卡維爾神（K'awiil）——所以說，就算材質不同，馬雅文化與阿茲特克文化的「鏡」，兩者在宗教信仰裡，可能有著千絲萬縷的承襲關係。

這樣一面宗教意味濃厚的鏡子，擁有何種魔力？根據殖民文獻的記載，阿茲特克帝國的君王蒙特蘇馬二世曾透過黑曜石鏡預見一場惡夢：他在鏡中看到未曾見過的異邦人騎著鹿（因為阿茲特克人沒有養馬，剛開始他們將歐洲人騎的馬理解為一種鹿），推翻了他的帝國。沒想到，就在蒙特蘇馬二世有生之年，西班牙征服者埃爾南・柯爾蒂斯（Hernán Cortés）真的騎在馬上，征服了阿茲特克帝國。

無論這段傳說是真是假，我們都可以藉此推測：在阿茲特克文化中，黑曜石鏡那深邃的鏡面，擁有的正是能看見未來的「預言」力量。

離開家鄉的鏡子，讓英國魔法師也瘋狂！

隨著白人殖民者的鐵蹄聲響徹中南美洲，原先根植於阿茲特克文化的黑曜石鏡，也就此展開了顛沛流離的旅程。

在墨西哥建立起殖民勢力後，科爾蒂斯掠奪了阿茲特克帝國的豐富財寶，許多阿茲特克的工藝品和寶物，源源不絕地輸送到歐洲王室與貴族手上，當然也包括黑曜石鏡——目前散落世界各地的黑曜石鏡，大致上都是遵循此路徑來的。與此同時，歐洲人也繼承了黑曜石鏡神秘又具有魔力的想像。還記得文章開頭提到的約翰·迪伊嗎？他不但是數學家、占星學家和神秘學家，還是英國伊莉莎白一世的顧問，以他著名的「魔法包」為女王提供各種建議。

迪伊的「魔法包」裡藏著水晶球、封蠟和帶有神秘符號的大盤子等，而最重要的，則是一面來自阿茲特克帝國的黑曜石鏡。或許迪伊不知道黑曜石鏡在阿茲特克文化中的預言功能，但遠方來的神秘珍寶加上鏡子本身的特殊外表，已經足以讓大洋另一端的迪伊以他的方式，發揮黑曜石鏡的神秘學形象。

約翰·迪伊一生徘徊於科學與魔法之間，一方面他是伊麗莎白女王的科學顧問，並建議英國參與航海探險；另一方面，他卻也深深沈迷在與超自然世界的聯繫上。他曾經和同為神

科爾蒂斯征服阿茲克特的場景，隆隆鐵蹄敲響了中美洲苦難的警鐘。(維基共享資源)

秘學愛好者的愛德華・凱利（Edward Kelley）一起「作法」，據說他們從黑曜石鏡中得到了某些訊息。但是，兩個人卻意見分歧，迪伊認為鏡中藏著天使的訊息，而凱利卻覺得這根本是惡魔的訊息，急著要他結束這場「作法」。（兩人的行為，活脫是亂玩碟仙的中二生。）

有些研究者推測，科爾蒂斯將黑曜石鏡當作禮物送給當時歐洲最顯赫的哈布斯堡家族，因為那時的歐洲貴族流行以「珍奇屋」（Kunstkammer）來誇耀自己的權勢；迪伊可能是在一五八〇年代，於外交場合訪問波西米亞時，得到了這面黑曜石鏡。

當然，儘管透過元素含量數據比對，我們知道臺北故宮的黑曜石鏡與迪伊的黑曜石鏡都

上｜有著白色長鬚的約翰・迪伊肖像。宛如當代梅林再世的他晚年窮困潦倒，甚至不知葬在何方。（維基共享資源）

下｜John Dee 的魔法道具組，包括一顆水晶球、有神秘符號的封蠟、黃金護身符、以及我們的主角黑曜石鏡子。（維基共享資源，大英博物館館藏）

是來自中美洲大陸，但現在仍沒有任何可靠證據能證明故宮的黑曜石鏡也是來自哈布斯堡的王公貴族，或它是科爾蒂斯當年帶進歐洲的禮品之一。實際上，墨西哥帕丘卡地區直到殖民初期依然持續製作黑曜石鏡，因此故宮的黑曜石鏡也可能是透過西班牙的大帆船，來個「中美洲直送」直接跨越重洋來到亞洲。

這一面黑曜石鏡流浪到中國宮廷裡，雅好物理的順治皇帝十分關心這面鏡子的材質，而喜好賞玩文物的乾隆則從藝術品的角度欣賞它，最終讓它以「烏玉鏡」之名流傳至今，靜靜蒐藏在臺北故宮的展櫃內，直到二〇一五年才終於驗明正身。

無論是英國迪伊的黑曜石鏡，或是臺北故宮的烏玉鏡，其實都反映出物件如何在大航海時代的全球交流網絡中不斷轉移，並在每次轉移的過程中，被重新賦予新的意義——一件中美洲出身的古文物，就這樣在眾多歷史事件的作用力下，從墨西哥到（可能的）歐洲、經由中國最後落腳臺灣，並在臺灣研究者的慧眼下找回真實身分，重新煥發古早古早以前，那神秘的力量。

延伸閱讀

▶ 故事 StoryStudio

- 馬雅人，〈35 年前，一場前無古人的馬雅展登陸臺北：臺灣與瓜地馬拉的神秘羈絆〉（2022）
- 檔案樂活情報｜檔案局，〈國寶大遷徙：2,972 箱故宮文物的遷運、重建與生根〉（2025）
- 馬雅人，〈中美洲羽蛇神：慘遭西班牙殖民者和傳教士「造神」的信仰〉（2025）

作者簡介

陳韋聿—臺灣師範大學歷史研究所碩士，現為內容工作者。

雷鎧亦—臺灣大學歷史系學士。

神奇海獅—漢堡大學歷史碩士。網路人氣歷史說書人，往研究之路狂奔十年之後，發覺志向是天橋底下說書人；研究的是共產黨、過得卻很資本主義；擅長的是中世紀、卻離不開現代科技；說嚮往自然、蚊子卻特別愛叮。總之是一個集各種矛盾衝突元素於一身卻可以泰然與之共處的人。主持人氣 Podcast《海獅說——生活裡的小世界史》。

艾德嘉—臺灣大學歷史系碩士，自從人生脫離學術界之後就不斷尋找自己的定位，目前結合研究能力與寫作技巧，以文字工作為人生道路，希望能在這條路上不斷精進。

熱帶島嶼人—臺灣大學歷史系碩士，喜好探索不同的冷門歷史領域。最大的嗜好是學習語言後，閱讀不同語言寫成的專著。目前已能使用英、西、日、義、俄等諸門外語。現在在經營歷史普及粉專「熱帶島嶼人的歷史多語帳」。

廖品硯—二〇〇〇年生，臺大歷史學系碩士生，曾任台灣共生青年協會秘書、第十二屆共生音樂節總召。

涂欣凱—政治大學臺灣史研究所碩士。研究法律史但不是法律人。喜歡看棒球和足球比賽卻不擅長這兩項運動。最近在研究怎麼樣做出好吃的玉子燒與豆皮蛋餅。目前投入轉型正義的工作，熱愛跟前人對話和與時間賽跑。

姜冠霖—現居台北的外媒攝影記者，前駐韓獨立記者。結束首爾大學韓國學研究所學業後，目前在台灣專攻紀錄片、商業動態拍攝。文章與影像散見各報章媒體，聯絡他：okamura.jouna@icloud.com

賀律銘—實踐大學 媒體傳達設計學系（學士畢業）、美國中央佛羅里達大學—主題樂園設計（碩士畢業），目前旅居美國，是動物園設計師。我也是一個動物園觀察家，走過五大洲，參觀過世界上一百多座動物園（本週第一一一間）。

陳力航—宜蘭人，出身醫藥世家。成功大學歷史系學士、政治大學臺史所碩士、東京大學外國人研究生，現為采松有限公司研究統籌。研究專長為日治時期臺灣史，特別是醫療史、人群移動史，著有《零下六十八度：二戰後臺灣人的西伯利亞戰俘經驗》（前衛出版）與《慢船向西—日本時代臺灣人醫師在中國》（前衛出版）。

郭璨宇—一九八八年生於嘉義市。政治大學亞太研究學程（IDAS）博士、倫敦政治經濟學院（LSE）社會政策系碩士、政治大學政治系學士。現任外貿協會產業拓展處專員，曾任華碩電腦產品經理，派駐於瑞典與塞爾維亞。Facebook 粉絲專頁「每日一冷」共同作者。

林靚融—臺灣大學歷史學系學士，現為臺灣大學歷史學研究所碩士生。研究興趣是探討歷史上不同文化背景人群之間的互動，以及這些互動如何形塑人們對他者的理解。

郭曜軒—大學是歷史系，研究所成為雜食的族文所學生，目前是歷史人類學的新手學徒。我的研究興趣包括東南亞華人研究、近代緬甸議題、歷史記憶，以及臺灣的地方創生。

楊佳平—二〇一九年畢業於國立臺灣大學，二〇二〇年移居臺東，現任職於孩子的書屋，投身實驗教育與社區陪伴，成為一名鄉村教育工作者。相信孩子能從土地出發，連結生活與世界，以在地經驗為根，學習宇宙的知識。

亞寧—織文販字之輩，曾經在台北開過多年萬事屋，現職關鍵評論網編輯。

馬雅人—從小對馬雅有所憧憬，立志成為台灣第一的馬雅文化研究者！經營粉絲專頁「馬雅國駐臺辦事處」。

Pelagius 海島人——001

此地即世界：臺灣，世界史的現場
Taiwan: A Global History

作　　　者　故事 StoryStudio
責 任 編 輯　顏詩庭
社長暨總編輯　涂豐恩
內 頁 排 版　劉耘桑
校　　　對　顏詩庭
封 面 設 計　劉耘桑
企 劃 協 力　胡芷嫣、雷鎧亦、廖貽柔、鄭家淇

出　　　版　有理文化有限公司
發　　　行　遠足文化事業股份有限公司（讀書共和國出版集團）
地　　　址　新北市新店區民權路 108 之 4 號 5 樓
電　　　話　02-2218-1417
客 服 專 線　0800-221-029
信　　　箱　service@bookrepclub.com.tw.
法 律 顧 問　華洋法律事務所 蘇文生律師
印　　　刷　博創印藝文化事業有限公司
地　　　址　新北市中和區中山路三段 110 號 9 樓之 3
電　　　話　02-8221-5966

初 版 一 刷　2025 年 7 月
初 版 二 刷　2025 年 9 月
定　　　價　499 元
I S B N　978-626-99858-6-9

國家圖書館出版品預行編目 (CIP) 資料

此地即世界：臺灣，世界史的現場 = Taiwan : a world history / 故事 StoryStudio 作 . -- 初版 . -- 新北市：有理文化有限公司出版：遠足文化事業股份有限公司發行，2025.07；面；　公分 . -- (Pelagius 海島人；1)

ISBN 978-626-99858-6-9(平裝)
1.CST: 文化史 2.CST: 臺灣史
733.409　　　114009087